城市社区养老服务体系建设研究

Research on the Construction of Urban Community Elderly Care Service System

罗 盛◎著

企业管理出版社
EMPH
ENTERPRISE MANAGEMENT PUBLISHING HOUSE

图书在版编目（CIP）数据

城市社区养老服务体系建设研究 / 罗盛著 . -- 北京：企业管理出版社，2023.6

ISBN 978-7-5164-2842-9

Ⅰ. ①城… Ⅱ. ①罗… Ⅲ. ①城市—养老—社区服务—研究—中国 Ⅳ. ① D669.6

中国国家版本馆 CIP 数据核字（2023）第 099548 号

书　　名：城市社区养老服务体系建设研究
书　　号：ISBN 978-7-5164-2842-9
作　　者：罗　盛
选题策划：周灵均
责任编辑：张　羿　周灵均
出版发行：企业管理出版社
经　　销：新华书店
地　　址：北京市海淀区紫竹院南路 17 号　　**邮　　编**：100048
网　　址：http://www.emph.cn　　**电子信箱**：26814134@qq.com
电　　话：编辑部　（010）68456991　　发行部（010）68701816
印　　刷：北京虎彩文化传播有限公司
版　　次：2023 年 6 月第 1 版
印　　次：2023 年 6 月第 1 次印刷
开　　本：710mm × 1000mm　　1/16
印　　张：15
字　　数：190 千字
定　　价：76.00 元

前　言

中国人口数量居世界前列，伴随科学技术的发展、经济实力的增强和医疗卫生事业的发展进步，人们的生活水平有了明显提升，人口死亡率大幅下降，我国人口的平均预期寿命逐渐延长，人口老龄化发展态势日益突出，老年人口数量和比重迅速增加，当人类步入21世纪之时，我国就已经跨入了人口老龄化国家的行列。

据第七次全国人口普查数据资料显示，2021年我国60周岁及以上人口数量已经突破2.6亿人，60岁及以上人口为26402万人，占总人口的18.70%。其中，65岁及以上人口为19064万人，占总人口的13.50%。这一数据已高于世界上大多数国家的人口总数，可见，我国的养老问题已经十分严峻。人口老龄化给中国社会经济发展和转型带来新挑战，引发劳动人口减少、医疗和护理负担加剧、经济负担加重等一系列连锁反应。党中央、国务院的文件中多次强调要高度重视我国的养老问题，加强我国社会养老服务体系建设。习近平总书记强调："加强养老公共服务，内容上要多样，财力上要倾斜，全社会一起努力，把老年人安顿好、照顾好，让老年人安度晚年。"不过，就现实情况而言，社会养老机构从数量上、质量上还是没有完全跟上现在的养老需求，一味地强调让老年人走出家庭，走进养老院、托老所，把老年人推向社会是不理智和不现实的。最大、最可行的发展趋势还是社区养老，社区养老服务的重点是老年人家居服务，使老年人尽可能在家里安度晚年，让老人安心，让子女放心。

开展社区居家养老可以发挥社区组织的作用，更好地满足老年人各方面的需要，提高老年人的生活质量，造福老年人；同时，大力发展城镇社区养老服务能够缓解政府压力，维护社会稳定，为我国各项事业发展保驾护航。

本书选取我国城市社区养老服务体系构建作为研究主题，高度契合我国社会经济发展中的养老问题。以人口老龄化为背景，以养老供需矛盾为切入点，在我国城市社区养老实情的基础上，围绕老年人“吃、穿、住、行、医、娱乐”等需求探索建立一套适合城市老年人的社区养老服务体系。首先，阐述城市社区养老服务体系构建的客观必然性，通过介绍家庭养老和机构养老在新环境下面临的问题、社区养老的发展优势，得出社区养老是我国现实选择的结论。其次，从供需角度进行城市社区老年服务体系构建研究，了解当前不同层次老年人的养老服务需求，构建适宜的社区养老服务项目；分析目前社区健康服务机构的养老服务供给现状，并做了供需差异分析；从微观、中观和宏观层面分别介绍政府、社区、家庭和社会组织的责任。最后，研究我国城市社区养老服务体系构建的相关措施和配套政策，力求为城市社区养老服务体系的良性持续发展提供可行的建议。上述内容构成本书的主体框架，形成内在的逻辑联系，系统性和科学性高度结合。本书以理论为指导，在具体措施中紧扣实际，大量参考和借鉴国内外成功经验，研究重心在于体系构建，所提出的城市社区养老服务建设措施和对策可操作性强。在我国人口老龄化程度不断加深的今天，养老服务需求迅猛增加，本研究对我国社区养老服务事业发展具有现实指导意义和推广价值。希望通过此研究和本书的出版为我国城市社区养老服务体系建设提供理论依据和应用支持，为我国日益增加的老年人口安度晚年提供有益的帮助。

本书是本人承担的山东省自然科学基金面上项目“基于整体健康管理的城市社区养老服务体系优化构建研究——以山东省为例”（项目批准号：ZR2019MG027）的研究成果。在本项目研究中，我们始终奉行认真、严谨、前瞻性和系统性的原则：一方面力求紧扣项目申请时设计的研究内容、研究思路和目标承诺，从深从细开展研究，确保研究成果质量；另一方面紧跟时代发展脚步，洞察社会发展脉搏，力求研究中使用的数据、资料及方法和理念等既不落伍，又尽可能符合实际情况，确保研究结论的可靠性和可信性，以及对策研究的系统性和有效性。本书有以下特点：一是针对性和前瞻性。本项目针对城市社区养老服务体系建设这一问题立意和展开，呼吁政府和社会给予养老服务体系建设更多的关注，以助推养老服务体系尽快建立和完善起来。二是系统性。本书研究从探讨养老服务的基本概念和基本理论着手，由浅入深、由点及面，既强调理论与实际相结合，又重视宏观研究与微观研究、定性分析与定量分析、需求分析与供给分析的有机结合，在城市社区养老服务体系构建和内在机制的研究中，特别重视系统理念、系统思维和系统方法的使用，以确保本书结构框架、内容和专门问题研究的系统性。

在课题研究过程中，课题组成员和我的学生在问卷调查、资料搜集和专题研究方面付出了汗水和智慧；在本书出版过程中，企业管理出版社周灵均老师做了大量工作。值此，对他们的辛勤付出和支持表示诚挚的感谢！

由于本人能力所限，书中难免有疏漏之处，请读者批评、雅正！

罗盛

2023 年 2 月

目 录

第一章

绪　论

第一节　研究背景及意义

按照国际惯例，当一个国家或地区65岁以上老年人口比例达到7%，就可以称其进入了“老龄化社会”（aging society）；当65岁以上人口比例超过14%，则称其进入了“老龄社会”（九州大学东亚老龄化研究中心，2005）。据第七次全国人口普查数据资料显示，2021年我国60岁及以上人口为26402万人，占总人口的18.70%（其中，65岁及以上人口为19064万人，占总人口的13.50%）。我国正面临严重的人口老龄化问题，总体上已经进入老龄化社会。人口老龄化给中国社会经济发展和转型带来新挑战，引起劳动人口减少、医疗和护理负担加剧、经济负担加重等一系列问题。据国家卫生健康委员会老龄健康司司长王海东介绍，我国老年人平均有8年多的时间带病生存，患有一种以上慢性疾病的老年人比例高达75%，患病人数接近1.9亿人，失能和部分失能老年人超过4000万人。老年人门诊、急诊费用和住院费用分别占医疗费用总量的63.2%和52.8%，约33%的疾病总负担归因于老年人的健康问题（尹旭东，2017）。老龄问题在严重影响老年人生活质量的同时，也给我国的医疗和养老带来诸多压力，如果处理不好，势必会影响社会的稳定和发展。

家庭养老功能的弱化及养老服务需求的增加，对我国养老服务体系构建提出了更高的要求。我国目前的养老服务体系依据服务提供主体不同可划分为家庭养老体系和社会养老体系两大类，社会养老体系又可进一步划分为居家养老、机构养老和社区养老（马岚，2019）。伴随“421

或422”型家庭结构的转变与核心家庭、空巢家庭数量的增加，以及养老服务需求的剧增，之前曾占主导地位的传统家庭养老很难全面具备养老的各种条件，加之居家养老面临服务规模小、服务载体缺乏、运行体制不健全等问题，机构养老又面临基础设施薄弱、服务项目偏少、专业护理人员缺乏等瓶颈问题，很多老年人得不到应有的生活照料、医疗保健等健康服务，严重影响了老年人的生活质量。社区养老则把家庭养老和机构养老的最佳结合点植根于社区，让老年人在家里继续得到家人照顾的同时，由社区的有关服务机构和人士为老人提供上门服务或托老服务。借助社区的优势发展社区养老服务，既能整合社区的医养资源，减少硬件设施建设的成本，又能使家庭与社区相结合，增强老年人心理上的归属感、参与感和认同感，避免老年人在养老院中可能出现的心理问题。因此，从满足老年人分层化、多样化的养老需求出发，以城市社区为切入点，发展社区养老服务，构建科学合理、具有可行性的城市社区养老服务体系，可以为应对人口老龄化挑战打下坚实的基础。

社区养老发展至今，已有相当多的研究成果，文献数量较多，头绪纷繁。国外的城市社区养老服务起步较早，已步入成熟阶段，形成了一些较成熟的、具有代表性的社区养老服务体系。课题负责人前期系统总结了澳大利亚皇家护理中心和加拿大多伦多政府养老院养老服务工作的经验和做法，基于此，承担并完成了老年社区健康服务专题研究“供需视角下山东省城市老年社区健康服务适宜项目及管理策略研究”（山东省自然科学基金项目，ZR2014GQ006）、“山东省城市老年社区分级健康服务模式及管理策略研究”（山东省科技厅软科学项目，2016RKB14059）、“健康中国战略视角下失能老年人医养结合养老模式与优化策略研究”（山东省社科规划项目，18CGLJ51）。研究团队基于课题研究在国内外核心期刊发表学术论文70余篇，获成果奖励10余项，对老年人健康状况、健康服务需求、社区健康服务供给等进行了深入系统的研究。前期研究涉及城市社区养老服务在实际推进过程中遇到的零散瓶颈因素及漏洞，但缺乏对城市社区养老服务体系脆弱因子的整体性评估与优化管理研究，尚需要在前期分析国外社区养老服务体系现状的基础上，立足国情，深入分析城市社区养老服务体系在服务对象、服务主体、服务内容、服务模式等方面的脆弱性，开展老年社区健康服务体系的整体优化研究，为科学构建城市老年社区健康服务体系提供依据。

我国的社区养老服务实践与研究基本上处于起步阶段，各地采取上门服务、定点服务和巡回服务等方式，为老年人提供生活照料、家政服务、紧急救援以及其他便利老年人的无偿、低偿服务项目。我国部分大中城市已初步形成以设施服务、定点服务和上门服务为主要形式，以日常生活照料、医疗保健、心理保健、文化娱乐、参与社会以及权益保护等为主要内容的社区养老服务格局。例如，北京朝阳区某街道 1998 年以来为 1000 多户老人安装了呼叫机，老人们足不出户就可以通过呼叫网络得到送货上门、家务料理及医疗救治等服务（王海燕，2002）。青岛市南区充分利用社区服务网络，积极挖掘社区人力物力资源，创造了社区福利居家养老标准化服务模式，老年人只要拨通 24 小时值班的热线电话，就可以得到自己所需要的生活服务（王海燕，2002）。尽管取得了一些初步的成功，中国老年学学会会长张文范仍然认为，“总体看来，我国社区养老服务社会化水平还是很低，对于人口老龄化危机的应对能力还很有限，对于老年人生活质量的提高还达不到要求”（张文范，2004）。城市社区养老服务体系还存在与新形势、新任务、新需求不相适应的问题，主要表现在缺少顶层设计、供需错位、人才短缺、服务供应链定位不明确、医养服务分离、管理碎片化等方面。研究显示，老年人对社区服务的利用频率较低，与他们需要社区提供服务的期望形成强烈反差（周伟文，2001）。对社区老龄服务事业的发展有重要影响的因素包括社区城镇化程度、社区经济发展水平、社区领导重视程度、社区财力投入、社区有无老龄事业规划、社区有无热心老龄工作的组织和人员、社区的人口学因素等（潘金洪，2000）。

综观国内研究，专家学者已意识到构建城市社区养老服务体系的紧迫性，并提出了多种实施方案，其中不乏政策创新、医养结合等新理念，但是仍然没有提出一套具体、可行的实践方案。社区养老在现实发展中还存在很多问题，需要我们下大力气来解决。因此，本人拟从整体健康管理视角出发，运用复杂系统理论、脆弱性评估理论等分析城市社区养老服务体系协调运转的影响因素，综合考虑政府、社区、机构、家庭、个人、社会组织等要素定位，建立脆弱性评价指标体系并进行实证研究，进而提出城市社区养老服务体系优化构建的对策与建议。

本研究的意义主要在于：从理论层面来讲，一是通过对国内外相关研究成果的梳理和归纳，使人们更加全面、深入地了解目前社区养老服务问题研究的概貌，明确今后的研究目标和重点，从而整合资源开展更加深入和有针对性的研究；二是对城市社区养老服务的一些基本概念进行深入探讨，揭示社区养老服务的本质，探讨养老服务社会化的一般路径和机制，澄清问题，修正偏误，促进养老服务和社会保障理论的发展和完善；三是从公共管理角度分析和探讨政府、非营利养老组织、企业、社区和家庭在社区养老服务体系中的角色定位、责任担当、权益保障、激励监督和行为约束等问题，为各养老服务主体参与养老服务体系建设提供理论依据和指导。从实践层面来讲，一是通过对家庭及社会养老服务现状及问题等的分析，探讨这种状况及问题产生的历史、制度和社会性根源，进而从满足老年人基本服务需求、使每位老人均有机会安享和乐享晚年以及促进家庭与社区、社会和谐发展的角度，提出建设城市社区养老服务体系的思路和基本构架，为城市社区养老服务体系建设及相关法规和政策制定提供决策支持；二是通过研究明确政府、非营利养老组织、企业、社区和家庭在社区养老服务体系中的角色和责任，为各服务主体

“对号入座”及有效合作提供指导，以推动普惠型、多元化、多层次城市社区养老服务体系的建立与可持续发展。

第二节 相关概念和理论探讨

一、养老与养老服务

“养老服务”是由“养老”与“服务”两个词语组成的，因此要给养老服务下一个较确切的定义，首先需要明确“养老”和“服务”两个概念的含义。养老（support for the aged），是“赡养、扶养或养护老年人”之义。一般来讲，人在步入老年特别是中、高龄老年或因伤病而全部或部分丧失劳动能力后，不仅其经济来源可能变得不再稳定，而且其生活自理能力、与他人主动交往的渠道和空间等也将发生重大改变，此种情况下，老年人陷入生活或心理困境的概率会成倍增加，严重时甚至会危及老年人的生存。因此，在老年人丧失劳动能力、无稳定的经济来源的情况下，就需要家人（包括配偶、子女及其他近亲属）、朋友、邻里及社会给予必要的经济性和非经济性支持（周先旺，2022）。就多数老年人而言，由于生存需求是最基本、最迫切的需求，而生存需求又往往以物质条件为基础，因此人们在论及“养老”时通常更关注物质或经济因素，如经济收入以及食物和其他生活必需品的供给等。

在明确了“养老”这一概念的含义后，接下来再探讨一下“服务”的内涵。从字面上看，服务（service）是“为他人做事或劳动”之义，在现代社会，服务一般被定义为“具有无形特征但可为他人带来某种利益或满足感的可以有偿转让的一种或一系列活动”。通常，服务具有无形性、异质性、不可分割性和易逝性等特征（翁列恩，2021）。服务的无形性，是指服务不像有形产品那样看得见、摸得着，但它可以被感受到，可供人享受。服务并非实物，而是一种或一系列活动。服务的异质性，是指同一种服务当由不同人提供时其品质和效果可能会有较大差异；同样，不同客户也可能对同一个人所提供的相同品质的服务具有不同的感受和评价。服务的不可分割性是指服务的生产和消费过程一般是同时进行的，是难以分割的，即是说，当某人消费某种服务时，他通常需要与提供者接触或建立联系，或者需要他身临其境甚至参与到该服务的生产过程之中。服务的易逝性则指服务不像一些有形物品那样可以储存、运输或被退回，即是说，我们很难将暂时用不了、用不着的服务存储起来，以备后用，也不可能将某一服务从一个地方转运到另一个地方，或者将不满意的服务退回给其提供者。

基于“养老”和“服务”两个概念的内涵，可将“养老服务”（service for the aged）定义为“为老年人提供的满足其生存、生活和精神需要的一系列劳务及心理和情感支持活动的总称”（胡宏伟，2021）。这些劳务及心理和情感支持活动，既包括与老年人基本生存和日常生活密切相关的衣、食、住、行以及看病就医、疾病和健康护理等劳务支持，如日常生活照料、疾病护理和康复等，也包括满足老年人心理或精神需求的劳务和情感支持，如看望老年人，倾听老年人的心声，或与老年人进行语言、信息和情感交流，陪伴老年人散步、旅游，以及组织老年人开展各种文化体育和娱乐活动，等等。总体来讲，养老服务通常是以劳动而非实物形式提供的，它既可以协助或帮助老年人，满足其物质需求，也可以满足其心理或精神需求。综上所述，养老服务的本质和目的在于，为老年人提供帮助和支持，满足其生存、生活以及心理和精神需求，使老年人特别是无子女、少子女和子女不在身边的孤寡、病残、失能、半失能和贫困老人能够有依靠，安享、乐享晚年，保障老年人的生存权利，体现其价值和尊严。

二、养老服务体系

体系（system），泛指由若干事物或思想意识互相联系而构成的具有特定功能的整体。体系与系统既有区别，又有联系。从两者的区别来看，首先，系统是指由若干要素或组成部分按一定结构和相互作用关系结合而成的具有特定功能的有机整体，与体系相比，系统更强调整体性或完整性，以及内部各事物或要素间的层级和相互作用关系；其次，体系不像系统那样具有明晰的外部边界，也不像系统那样强调内部各事物或要素间相互作用的综合效果和结果；再次，体系比系统有着更宽泛的外延，一个体系可能由若干较高层次的系统构成。另外，体系也不同于制度。制度是指为了某种目的和目标而设立的、用于规范人们行为或行动的规程或准则。现实中，体系通常借助制度来体现。

养老服务体系（Service System for the Aged），是指由满足老年人生存、生活和发展需要的全部服务性资源和服务支持能力所构成的有机整体。一个完整的养老服务体系应包括养老服务主体和客体（指养老服务需求者——老年人），以及通过将养老服务主体与客体及其各环节有机联系起来、支持养老服务体系良性运行的一系列机制，如组织协调机制、资源整合机制、投入保障机制、人才培养培训机制、激励机制、绩效考评和监督机制以及法规和政策供给制等。

从养老服务体系的服务层次和惠及能力来看，养老服务体系可分为基本养老服务体系和非基本养老服务体系两个子体系（林宝，2021）。对于基本养老服务体系，目前学术界公认的定义是“为满足老年人基本生活需求，提升老年人生活质量，面向所有老年群体，为其提供基本生活照料、护理康复、情感关怀、紧急救援和社会参与等服务的设施、组织、人才和技术要素形成的网络，以及与之相适应的服务标准、运行机制和监管制度”。基本养老服务体系是一个具有社会福利性质的服务支持网络，惠及包括无子女和少子女的孤寡、病残、失能、半失能和贫困老人在内的所有群体和个人，是一种以政府为主导的、非市场化的养老服务体系。普惠性、社会公平性以及适度向弱势老年人群体倾斜是基本养老服务体系的基本特征。非基本养老服务体系是指为满足老年人对较高层次、较高质量和某些特殊服务（如重度残障老人的长期陪护、失能老人的全方位照料等）的需求所建立的具有一定营利性质的养老服务支持网络，该体系由一系列相关制度、政策以及设施、机构、人员和技术要素等构成。非基本养老服务体系是为满足老年人的层次化、个性化需求而设立的，具有较明显的市场化和半市场化特征，效率或效益最大化是其首要的目标追求。本书所研究的城市社区养老服务体系，实际上是一种以基本养老服务体系为基础、以非基本养老服务体系为补充的综合养老服务体系，但研究的侧重点是城市社区基本养老服务体系建设问题。

三、社区与社区养老服务

谈到社区养老服务，首先必须明确“社区”和“社区养老”等概念。在古汉语中，“社”通常指“地主”“土地神”和“祭祀的场所”等，后引申为“人们聚集的地方”；“区”是指“装有粮食的容器”，后引申为“一定地域空间或范围”。顾名思义，可将“社区”理解为“共同从事某种活动或具有某种共同追求的人所聚居的一定地域范围”。随着社会的不断发展，社区的内涵也在不断更新与变化，现代意义上的社区（community）主要是指进行一定社会活动、具有某种互动关系、由共同文化维系的人类群体及其活动区域（胡晓芳，2022）。社区是现代社会的基本组成单元，是一个特定的空间聚落，与社会相比，它更强调地域或空间概念，而且社区中的各种关系也远比社会中的各种关系紧密。城市社区则指以社区活动为基础聚集起来的人们的生活共同体。在中国传统城市社区中，血缘关系一直占有支配地位，影响并决定人们的价值取向和各种活动，是中国家庭养老活动得以延续的重要基础。随着生产力水平的不断提高，家庭规模、结构的不断变化，以及社会的变迁，特别是子女养老责任意识淡化和社会道德约束力下降，以血缘和亲情关系为基础的家庭养老的功能呈现迅速弱化趋势，但这并非意味着“血缘关系”“亲情情结”已被“自私”和“利益”之“刀”斩断。事实上，家庭养老功能弱化从一个侧面反映出发展社会养老特别是社区养老的必要性和迫切性（邓大松，2021）。

社区养老是相对于家庭养老和社区外机构养老而言的，它是指在政府和社会（包括社区本身）力量的支持下，由社区组织及其内在机构（包括社区所属机构和在社区开办的非社区所属机构等）所提供的针对老年人的经济供养、生活照料、疾病和健康护理以及精神慰藉等物质和非物质性支持活动。“社区养老”这一概念包括经济供养和非经济性供养两方面含义，如社区直接为辖区老年人提供的免费或低收费的住所或床位、餐饮、日常生活用品、医药等，均属社区经济供养的范畴，而为老年人提供的免费或低收费的生活照料、医疗诊断、疾病和健康护理以及精神慰藉等，则属非经济性供养的内容。也就是说，虽然人们论及的社区养老主要指社区非经济性供养，即社区养老服务，而实际上，社区养老服务不过是社区养老所涵盖内容的一部分。就社区养老的经济支持力而言，它既可能是由政府提供，也可能来自社会捐助（赠）和社会福利债券，还可能来自社区本身（包括社区所属集体经济组织的盈利收入、其他资产性和经营性收入以及社区成员的捐助、捐赠等），不过，随着经济体制改革特别是集体经济组织改制的进行，城镇街道、居委会所属集体经济组织消失了，依靠社区自身的盈利能力支持社区养老变得越来越困难，甚至已不现实、不可能，由此，就需要政府和社会伸出援手，担负起社区养老的经济责任。从上述意义上讲，今后社区养老的经济支持力应主要来自政府和社会，鉴于此，将社区养老归属于社会养老也就顺理成章了。

在明晰了社区养老的内涵和属性特征后，社区养老服务的概念也就清晰了。社区养老服务是指在政府和社会力量（有时也包括社区自身力量）支持下，由社区组织及其内在机构（包括社区所属和非社区所属的养老和医疗机构等）为辖区老人提供的免费或低收费的餐饮服务、日常生活照料、医疗诊断、疾病和健康护理以及精神慰藉等支持活动的总称。通常，社区养老服务可分为“在社区服务”或“在社区内照顾”（care/service in the community）和“由社区服务”或“由社区照顾”（care/service by the community）。在社区服务是指为老年人在社区开办养老机构，如托老所、老年服务或护理中心等，为其提供生活照料、疾病和健康护理以及精神慰藉等养老服务；由社区服务则是指老年人在家中接受由社区养老服务机构及其护理人员以及志愿者等提供的上门服务，如日间或日常生活照料、家庭病床或护理、上门陪聊等。由社区服务类似于人们所说的社区居家养老（赵小兰，2019）。

四、拉菲利社区健康促进理论

拉菲利和库伯克于 1995 年发展的社区健康促进理论，成为社区护理实务工作的指引，此模式建立在两个互补的基础之上——健康和疾病（吴炳义，2019；董惠玲，2022）。健康方面强调健康促进是动态的、有创造性的、正向的生活品质，正向的健康促进包括生理、心理、情绪、心灵、功能和社会的安适状况；疾病方面包括疾病的治疗和预防，降低已知的健康危险因子，残障的照顾和预防。此两者之间的差异在于护理目的不同，以及对象是个人、家庭、群众还是社区。该理论包括两个主要的范围，即服务对象和护理的焦点。服务对象是个人、家庭、群体、社区或整个社会；护理的焦点是指疾病的护理、疾病的预防和健康促进，每个方面都有不同的社区卫生护理重点，更重要的是由健康促进的介入活动来达到最终的目标。该理论的核心是健康促进。

拉菲利社区健康促进理论对本研究的指导在于：①其核心点与本研究的初衷一致，在维护和促进老年人健康方面，健康促进不仅是核心也是目标。②在降低已知的健康危险因子方面，良好的健康行为、适量的运动锻炼、充足的睡眠、心理平衡至关重要。③健康促进的对象小到个人，大到整个社会，这启示我们社区护理人员应从对个体的疾病护理扩展到对家庭、群体和社区的疾病预防和健康促进。④依据此理论，本研究将城市社区养老项目划分为三个维度：健康促进、疾病预防和疾病护理。拉菲利的社区健康促进模式，如图 1-1 所示。

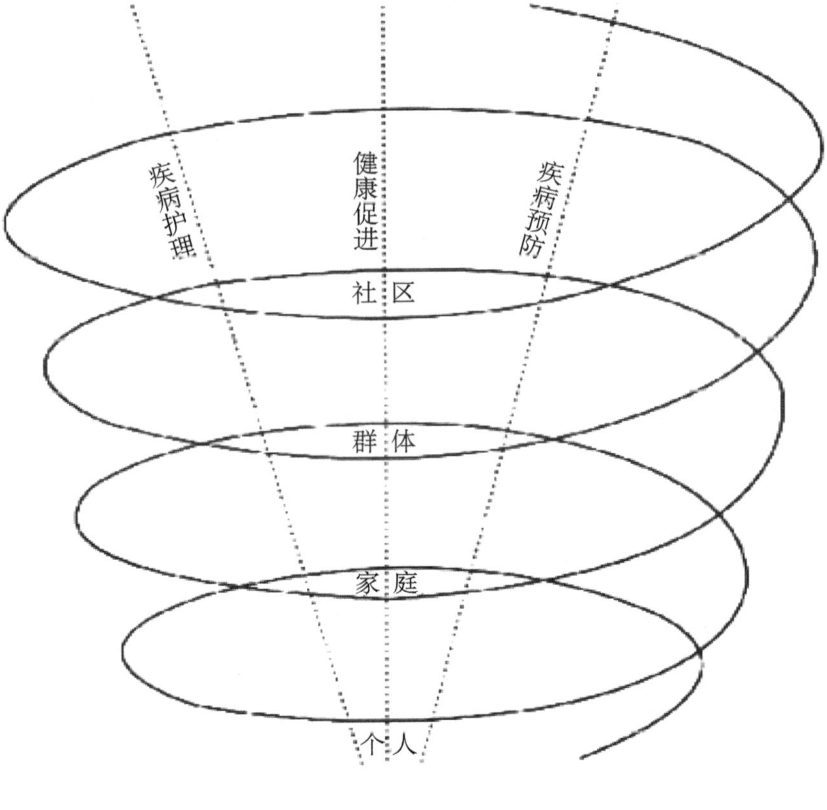

图 1-1 拉菲利的社区健康促进模式

五、三级预防理论

病因预防是三级预防的第一级预防，在当前环境下是预防医学的重点，主要是在新医学模式的指导下，根据社会、心理、行为等因素，针对疾病原因提出综合性预防措施（童玲，2022）。健康促进是第一级预防的重要手段。第二级预防即临床前期预防，是指在疾病尚处于临床前期，能够早发现、早诊断、早治疗，主要方法包括普查、定期体检、高危人群的重点监护等。第三级预防即临床预防，是指在疾病确诊后，能够及时有效地进行治疗，防止病情恶化，预防并发症和后遗症，对已丧失劳动能力或导致残疾的患者采取积极的康复措施，尽量恢复或保留患者的身体功能。

三级预防理论对本研究的指导在于：①在该理论的第一级预防中，健康促进为其重要手段，应该注重老年人的健康生活方式与行为。②在第二级预防中，“三早”预防尤为重要，结合社区养老工作实践，本研究将疾病预防划分为“早发现、早诊断、早治疗”三个层面。③在临床预防阶段更注重疾病的护理，老年人很多患有慢性疾病，因而需要长期护理、康复护理等。④社区养老应积极遵循三级预防理论，为不同健康状况的老年人（健康、亚健康或患病老年人）提供与之相应的护理项目。

六、IDEF0 模型

IDEF（The Integrated Definition for Function Modeling）是支撑企业建模需求的一套建模方法，其中的 IDEF0 模型是一种将复杂系统的各个要素、功能及其相互关系，以图形化、结构化的表达方式进行描述、分解、限定的方法（罗盛，2017）。在 IDEF0 模型中，用一个盒子（方块图形）表示系统的一个活动或功能，连到盒子上的箭头表示活动的信息来源，输入（Input）表示完成此活动所需的各类资源，输出（Output）表示执行活动后的结果产出，控制（Control）表示影响活动（或功能）的条件和环境，机制（Mechanism）表示执行活动所需的人员、设备等，通过一系列图形与文字的描述表达出系统内各要素间的关系，并了解信息与物件的流动方向。目前 IDEF0 方法在企业的业务流程优化研究中的应用较为成熟，在提高作业效率和改进作业质量上起到了非常重要的作用（李红，2016）。本研究拟借助 IDEF0 模型，从输入、输出、控制和机制四个维度整合项目构建及运作的各个要素，构建老年社区健康服务适宜项目的概念模型，确立理论与功能层面老年社区健康服务项目与项目配置要素，以更好地推动社区养老服务的可持续发展。

第三节 国内外相关文献述评

一、国外相关文献述评

“社区”这一概念最早是由德国社会学家滕尼斯于 1887 年在《社区和社会》一书中提出的。当时，他主要是用这个概念来描述一种以礼俗为特征的社会团体。20 世纪 60 年代西方国家提出“在合适环境中养老”（Aging in Place）的理论，首先在英国推行社区老年照护服务（Community Care for the Elderly）。此后，西方发达国家纷纷效仿，到 20 世纪 80 年代，该理论已经走向成熟。社区照顾涉及照顾范围、内容以及提供照顾的主体。这种社区照顾的内涵主要体现在三个方面：首先是社区照顾。沙布鲁贝克夫妇（Brubaker，1992）认为，在家庭中照顾老年人会在照顾者与老年人之间、照顾者与其他家庭成员之间产生紧张情绪。家庭辅导或心理治疗服务可以将老年人、家庭照顾者二者同时作为服务对象，提供服务的场所可以是成人照顾中心、长期照顾机构或者私人机构，通过对老年人及其照顾者的家庭辅导或心理治疗，减轻照顾者的负担。其次是社区服务的价值。瓦思（ROSE，1978）认为，社区服务工作组织或机构处于政府和居民的中间位置，为居民争取福利，社区服务因具有福利性质而能解决这个问题。社区服务工作可以在现存的制度内力求改革，以配合制度以外的“抗争”运动，取得里应外合、相辅相成的效果。最后是社区服务的类型，这是对社区照顾的进一步细分。英国学者沃克将社区照顾分为“在社区内照顾”和“由社区照顾”两种模式。“在社区内照顾”主要是在社区内开办养老机构，为老年人提供健康和个人社会服务；“由社区照顾”主要是由社区内的护理人员、志愿者和私人部门等为老人提供的上门服务。

国外社区养老发展早于国内，借鉴国外社区养老经验，有利于把握社区养老的发展趋势，更全面、准确地构建城市社区养老服务项目业务集合。国外一些较成熟的、具有代表性的社区养老服务体系，包括美国的 CCRC（持续照料退休社区）养老体系、英国的“由社区照顾”体系、澳大利亚的 CHSP 和 HCP 服务体系、加拿大的“三级政府管理”体系及日本的“介护保险服务”体系（刘腊梅，2017；徐倩，2019；王裔艳，2016；Ryan AA，2009；康越，2017）。上述社区养老服务体系在构建过程中都较为重视政府主导、政策扶持、社会参与、市场推动、全民关注，重视引入第三方监督机制，尤其重视规范培养老年健康管理的医护人员和养老服务人员，以提升老年健康管理能力，优化体系运行过程中的动态性评估。因各国实际情况不同，其社区养老服务中存在的问题及需要改进之处也有所不同。家庭医疗补助和社区服务计划（HCBS）自 1981 年开始在美国推行，由于多种原因，它并不能很好地满足弱势群体和大多数依赖药物的老年人的需要，除了基本的服务和重症照护服务以外，其服务范围有限；同时，该计划仍沿用“经纪人”照护模式，许多不同的服务提供者由代理人代为管理每个病人。另外，HCBS 服务的提供者是靠服务费用来获得酬劳的，这就阻碍了服务者成为最合适的服务提供者，抑制了机构协调照护服务的积极性以及管理照护服务的灵活性。美国的老年人社区服务有两个方面需要完善：第一，放宽对参与者在受教育程度、收入和性别方面的限制；第二，在现有的项目和新立项目中扩大服务工作的范围，满足社区的基本需要，并建立有助于参与者发展的机制。在英国，志愿者机构连同服务供给的本质正在随着宏观环境和当地环境的变化而发生变革，这导致以社区为基础的服务供给的地区不公平性加剧，包括不同地区依靠服务的人群在健康和社会照顾方面的不公平。在澳大利亚，最近甚至在更早时期，构成由公众资助的长期照护体系的社区照顾和机构照顾出现了重新平衡的迹象，后者更占优势。众所周知，机构长期照顾从不会像社区服务和医院那样受制于预算削减。在这种情况下，逐渐扩展的机构照顾预示着社区服务预算的愈发不确定性，使得那些依赖社区服务、在原处养老的人开始考虑机构养老。

总结起来，澳大利亚、加拿大的社区养老服务体系及其管理模式的可借鉴之处为：①较明确地界定了社区养老服务体系的构成要素，包括服务对象、服务内容、参与主体、合作方式等；②社区养老服务的内容、方式、流程应充分体现整体健康管理的理念；③应实行社区养老服务体系的标准化策略构建及整体管理；④形成了一套规范的社区养老服务体系综合评价指标体系，包括 BBC 和 MOVE 概念框架（Birkmann J，2013），VSD 和 ADV 脆弱性评估框架（黄建毅，2012），暴露性、敏感性和适应性等评估维度（梁伟，2015），RH 模型、PAR 模型、HOP 模型、三角模型、钻石模型和 AHV 模型等评估方法（Burton I，2013；Blaikie P，2004；Cutter S L，1996），等等。我国与澳大利亚、加拿大、美国等西方发达国家在经济发展水平、健康保健制度、卫生总费用、政府投资比例，以及社区养老服务的资金支持和政策保障方面均存在一定差异，需要立足我国国情开展城市社区养老服务体系的优化构建研究。

各国社区养老介绍，如表 1–1 所示。

表 1–1　各国社区养老介绍

国家	起源	主要组织机构	主要组织形式或内容
英国	19 世纪 40 年代为控制霍乱，出现社区防治的雏形	国家社区卫生服务	社区护理（包括患者家庭护理、术后护理、病人出院后护理、保健中心护理及其他社区护理，以高血压、糖尿病等慢性疾病及活动受限病人护理为主），健康访视（包括家庭访视、老年人巡诊、预防和保健教育）
日本	日本的公共卫生护理以 1937 年的“保健所法”为起点，已有 70 多年的发展历史；1983 年建立了老年人社区护理站	社区护理站	公共卫生护理（包括地区健康问题诊断、成人习惯病预防、精神障碍者支援、高龄者与障碍者的外出支援、与医疗福利机构的协调合作等），家居护理（包括各种诊疗处置、康复护理、观察病情、用药管理、擦洗浴、饮食或外出等日常生活的指导和援助、与医疗机构的联络、压疮护理、体味保持训练等）
澳大利亚	在 20 世纪 60—70 年代由母婴保健发展形成	皇家护理中心	社区医疗服务（包括辅助全科医师开展基本医疗服务），初级卫生保健服务（包括健康促进、社区发展、健康教育、疾病预防）
美国	19 世纪 70—80 年代随着职业家庭护理人员的发展，社区养老的效应逐渐得到了美国社会的承认	社区或家庭护理中心	社区健康服务中心护理人员提供有关健康促进和疾病预防的护理服务（预防、健康促进、家庭计划、康复和常见疾病的基本治疗和护理、定期家庭访视），老年中心护理人员工作（老年人的健康保健、定期查体等），临终关怀服务中心护理人员工作（护理照顾、健康指导、减轻患者身体上的疼痛、缓解患者失落悲哀和抑郁的心情），妇女避难所护理人员工作（提供必要的疾病护理服务，提供心灵上的慰藉，健康知识宣传，定期开展讲座和咨询，等等），社区医疗诊所护理人员工作（老年人慢性疾病人群健康指导等）

续表

国家	起源	主要组织机构	主要组织形式或内容
荷兰	可追溯到19世纪70年代，在有组织且专业化的家庭帮助和家庭护理方面，已有100多年的历史	社区护理中心	日常生活的照顾与支持（帮助进餐、处理个人卫生、协助大小便、穿衣、协助室内活动、鼓励日常生活自理），日常生活的辅助性照顾与支持（各种家务帮助，如清洁、做饭、洗衣、购物等），医疗卫生保健方面的支持（用药、治疗、饮食、缓解疼痛、预防并发症的照护、有关知识的教育、辅助性生活器具的使用指导），社会支持（提供关于疾病、改善生活状况、治疗、生活方式、营养以及仪器使用的建议，给予心理社会支持），疾病预防
中国（香港）	发展于20世纪60年代中期，现已颇具规模	社康护理服务	基本护理服务（居家康复运动、血压/血糖检查、伤口护理、胃食管护理、营养指导、服用药物、导尿管护理、抽取血液样本、药物注射、家居照顾的支持），专科护理服务[失禁护理、造口/造瘘（结肠造口、回肠造口、气管造口、胃造口）护理、初生婴儿护理、产科护理、连续性可携带腹膜透析、糖尿病护理]，健康教育（主持健康讲座、解答有关健康咨询等），服务协调（在有需要时转介或协助病人获取其他服务，如物理治疗、职业治疗、心理治疗、社会服务及家务助理服务等）
中国（澳门）	1985年成立第一间卫生中心，致力于建设完善的初级卫生保健体系，于20世纪90年代起一直被WHO视为西太平洋地区典范	社康护理服务和社区卫生中心	社康护理服务：多元化的日托式个人照顾、一般护理、康复训练、情绪支援和服务转介等。社区卫生中心：一般卫生护理、长者保健、老人护理咨询、长者口腔护理、长者药物咨询及健康教育等

续表

国家	起源	主要组织机构	主要组织形式或内容
中国（大陆）	中国社区卫生服务的雏形可以追溯到1981年中美两国专家在上海市进行的卫生服务调查	社区卫生服务中心（站）	我国内地社区护理人员岗位工作大致分为基本医疗服务、基本公共卫生服务。基本医疗服务工作内容：配合全科医师对常见病、慢性疾病的门诊诊疗的治疗工作，如生命体征的监测、静脉输液、肌内注射、换药、导尿和鼻饲等执行医嘱内容；基本公共卫生服务工作内容：建立健康档案、慢病管理、特殊人群保健、预防接种、精神疾病管理

二、国内相关文献述评

我国对社区养老的研究大概始于20世纪90年代初，由于家庭为老年人提供的养老服务保障水平低，而机构养老又存在资金不足、服务质量不稳定等问题，家庭养老和机构养老面临着诸多困境，需要探索新的养老模式来解决这些问题。虽然社区养老还没有形成一个学界普遍认可的定义，但是对其内涵的认识并无太大出入。金德田（1997）在《加快实现养老社会化的步伐》一文中认为，社区养老是社区为老年人提供的服务，是一种带有保障性质的基层福利事业，是最大限度实现老年人社会福利的唯一出路。穆光宗（2001）和姚远（2001）认为，“社区养老是建立在个人、家庭、社区和国家基础之上的，以家居养老为形式、以社区养老网络为基础、以国家制度政策法律管理为保证、家庭养老和社会养老相结合的养老体系”。社区养老能力主要包括五项内容：丰富老年人的闲暇生活、日常生活照顾服务、医疗健康保障服务、老年人参与社会生活的组织保证、社区养老环境。社区养老大致具有六项基本功能：解难服务、保障助养、医卫保健、精神慰藉、参与社会、老年教育。

针对老年人的社区福利服务内容丰富，具体包括以下内容：老年人收养和寄托服务，如兴办养老院、老年公寓等福利性养老设施，集中供养生活无人照顾的孤寡老年人；老年人日常生活服务，如组建老年包护小组，提供午餐、家庭劳务服务、采购服务、医疗保健服务等；老年人文化生活服务，如兴办老年人活动中心、老年学校，开设游艺室、健身房，举办各种展览、歌咏比赛等；老年人庇护服务，如法律庇护、生活庇护等；老年人心理辅导服务，如陪老年人聊天、提供心理咨询等。老年社区服务工作主要涉及以下 10 个方面：物质生活保障服务、文化娱乐活动服务、保健医疗护理服务、家庭事务料理服务、老有所为指导服务、情绪调适咨询服务、基本权益保障服务、老年婚姻服务、住房调换服务、临终关怀服务。

早在 1994 年，上海地区的社区养老服务就已经引起了社会学者的重视，顾国权（1994）在《发展上海社区养老生活服务事业的思考》一文中指出，当年上海在社区养老服务方面主要做出了六项成绩：一是帮助老年人就医，二是为老年人安装求助电铃，三是为某些老年人解决午餐问题，四是为老年人提供体力帮助，五是成立敬老院，六是为特困老年人提供特殊照顾。范悦斌（2003）等对大连市敬老院或社区养老院的老年人和家庭养老的老年人进行生活质量评价的抽样调查，发现无论是从心理咨询服务还是相关的社会服务来看，社区养老均优于家庭养老，比如生活环境方面等社区养老的总体得分情况是高于家庭养老的，只有在收入和住房方便度方面低于家庭养老。因此，社区养老是一种非常可行的养老方式。同时，社区养老也有助于社区良好的人际关系的建立。周裴则指出，中国传统文化是重视人情往来、伦理道德的，这是社区互动的宝贵资源，为老年人提供社区照顾，能够提高社区成员之间的凝聚力，促进社区的发展。对于社会而言，更有助于减轻社会压力。

综观已有的相关研究，老年人的社区养老服务内容主要包括提供物质帮助、生活照顾、精神慰藉以及良好的社区环境。要加快建立和完善社区养老服务体系，提高老年人社区服务的质量，并借鉴国内外经验，实现社区养老服务事业的可持续发展。

国内外很多学者都对社区养老服务工作的政策法规支持和运行机制做了一定程度的研究，认为目前存在的主要问题是，政策法规不健全，资金来源有限，社区为老年人服务的组织发展不充分，服务人员素质建设滞后。这些都是社区养老服务在运行中所面临的问题，探索合理的途径来改善这些问题是完善社区养老服务事业的根本。国内学者对社区养老服务的开展所做的研究较多，通过研究老年人的切身需求，发现社区养老服务中存在一些供需矛盾，如服务范围有限，服务内容单一，老年人的健康需求和精神需求得不到满足，等等，这些都是社区养老服务中的关键性问题。在保证服务供给的普遍性和公平性的基础上，从老年人的切身需要出发，为他们提供多样性的服务是社区养老服务工作的重点。

这些研究也存在以下几个方面的不足：其一，多数的研究只停留在对现状、问题、各种做法的叙述层面，很少从理论的高度进行系统、规律性的论述。其二，已有关于社区养老服务内容的研究，多集中在生活照料、医疗和卫生服务等方面，对其他方面，如精神慰藉以及社区积极养老环境支持的研究较少，而后者已成为影响老年人生活质量的重要因素。其三，对不同特征老年群体的社区养老服务的深入研究极少。不同特征老年人有着不同的养老意愿和养老需求，提供符合老年人切身需要的社区服务、合理配置养老资源具有重要的现实意义。

第四节 研究设计

一、研究内容

本书首先对与本研究论题相关的概念和理论进行探讨，界定本书的研究范畴，进而对国内外相关文献进行梳理和评述，为问题研究奠定概念和理论基础。其次，进行城市社区养老服务体系优化构建的概念模型研究。综合运用功能建模工具——IDEF0 模型、文献归纳法、专家咨询，整体识别城市社区养老服务体系优化构建的核心保障要素，确立城市社区养老服务体系优化构建的顶层设计。再次，进行城市社区养老服务体系脆弱性研究。运用层次分析法建立脆弱性评价指标体系并评估城市社区养老服务体系脆弱性现状；运用对应分析法分层次确立不同老年人的健康需求，并评估社区养老服务的供需差异。又次，开展城市社区养老服务体系优化构建的影响因素及作用机制研究。通过多层线性模型等多元统计分析方法，分析影响城市社区养老服务体系优化构建的制约因素，确立社区养老服务体系优化构建的主要影响因素及联系强度。最后，结合国外经验做法，从公共管理视角，研究福利多元化和多中心治理模式下家庭、政府、社区、非营利组织和企业等在城市社区养老服务体系建设中应扮演的角色以及应发挥的作用，提出中国城市社区养老服务体系的优化构建原则和基本框架，探讨城市社区养老服务体系的内在运行机制及其相互作用关系，并结合中国实际，给出推动中国城市养老服务体系建设和发展完善的具体措施。本书的研究思路如图 1–2 所示。

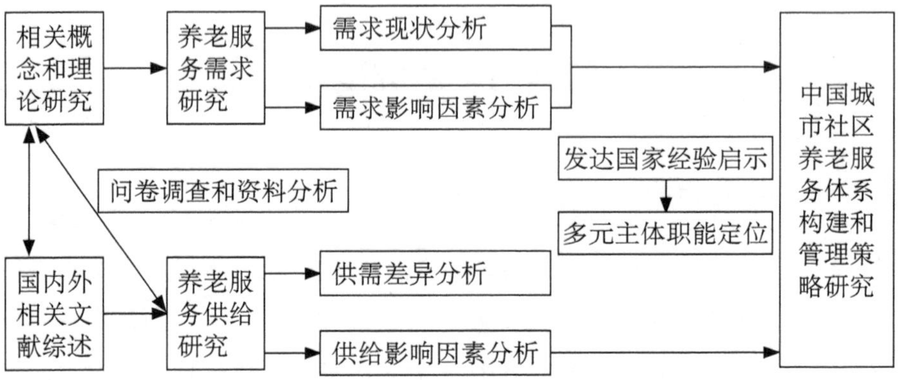

图 1-2　本书的研究思路

二、研究工具

本次调查使用的研究工具为自行设计的调查问卷和访谈提纲，在大量研究国内外相关文献、咨询相关领域专家以及多次征询老年人意见之后对问卷进行修改和完善，选取部分失能老年人进行预调查，进一步对问卷及访谈提纲做修改，并对问卷进行信效度检验，形成正式调查问卷。

（一）问卷内容

本次调查使用的问卷包括以下 5 部分内容：①老年人一般情况，包括性别、年龄、婚姻状况、文化程度、退休前从事职业、医疗保险、经济收入、慢性疾病患病情况、就医可及性（就医距离、就医时间）、子女个数、居住方式、日常生活方式、疾病就医方式、家庭成员日常生活照料方式、心理状态；②对不同养老模式的认知、接受度、期望度；③身体健康；④心理健康状况；⑤生活满意度等。

采用日常生活活动能力评定量表（Barthel 指数）作为“老年人能力评估量表”（见表 1-2），该量表包括老年人进食饮水、洗澡、修饰（包括洗脸、刷牙、梳头、剃须）、穿衣（包括扣纽扣、拉拉链及穿鞋）、排尿控制、排便控制、上厕所（包括擦、穿衣及冲洗）、床椅转移（变换坐位和卧位）、行走（可用助行器）、上下楼梯或台阶 10 个条目。每个条目分为独立、轻度依赖、中度依赖、重度依赖和完全依赖 5 个等级。Barthel 指数评分情况：总分 100 分，生活自理能力强，能独立；61～99 分，生活基本自理，轻度依赖；41～60 分，生活需要帮助，中度依赖；20～40 分，功能下降，重度依赖；20 分以下，残疾，生活完全依赖。筛检 Barthel 指数得分 40 分以上的老年人进行康复治疗的效益最大。

表 1-2　老年人能力评估量表

序号	项目	轻度依赖	中度依赖	重度依赖	完全依赖
1	穿衣（包括扣纽扣、拉拉链及穿鞋）	□ 10	□ 5	□ 0	□ 0
2	进食饮水	□ 10	□ 5	□ 0	□ 0
3	修饰（包括洗脸、刷牙、梳头、剃须）	□ 5	□ 0	□ 0	□ 0
4	上厕所（包括擦、穿衣及冲洗）	□ 10	□ 5	□ 0	□ 0
5	洗澡	□ 5	□ 0	□ 0	□ 0
6	床椅转移（变换坐位和卧位）	□ 15	□ 10	□ 5	□ 0
7	行走（可用助行器）	□ 15	□ 10	□ 5	□ 0
8	上下楼梯或台阶	□ 10	□ 5	□ 0	□ 0
9	排尿控制	□ 10	□ 5	□ 0	□ 0
10	排便控制	□ 10	□ 5	□ 0	□ 0

采用症状自评量表（self-reporting inventory，SCL-90）作为老年人心理健康测量问卷。症状自评量表 SCL-90 共含 9 个因子、90 个条目，即躯体化、强迫症状、人际关系敏感、抑郁、焦虑、敌对、恐怖、偏执和精神病性。采用 5 级评分制，SCL-90 总分超过 160 分，或阳性项目数超过 43 项，或任一因子分超过 2 分，则考虑心理健康筛选阳性。欧洲五维

健康量表（EQ-5D）是一种多维健康相关生存质量测量法，主要包括5个维度：行动能力（mobility）、自己照顾自己的能力（self-care）、日常活动能力（usual activities）、疼痛或不舒服（pain/discomfort）、焦虑或抑郁（anxiety/depression）。每个维度又分别包含3个水平：没有任何困难，有些困难，有极度困难。

老年人养老服务需求评定。问卷以健康促进模式为理论框架，经过文献分析、专家咨询以及深入访谈方法制定，从健康促进、疾病预防、疾病护理、生活照料、精神慰藉5个维度对老年人的养老服务需求进行测评，每个条目根据Likert 5级评分法分为“不需要”“不太需要”“无所谓”“需要”“非常需要”5个等级，分别赋予1~5分，每个维度服务需求的得分为该部分所有条目总得分/总条目数，总的需求得分为3个维度条目总得分/32，得分越高表示对养老服务需求越强烈。

医养结合服务供给评定。主要包括医疗及养老机构基本情况指标，包括床位、人员、设备、房屋等投入指标，医疗服务质量、业务收入等产出指标。采用李克特量表（Likert scale）5级评分法对实际提供项目进行评分，每个项目分“非常不同意”“不同意”“不一定”“同意”“非常同意”5个等级，分别记为1、2、3、4、5分，从护理人员角度分析社区老年健康服务项目供给的影响因素。

（二）问卷信度和效度检验

信度检验。采用Cronbach's α 系数法对问卷的信度进行检验，α 的值越大，问卷项目间相关性越强，内部一致性可信度越高；$\alpha > 0.8$ 表示内部一致性极好，0.6~0.8为较好，小于0.6为内部一致性较差。

效度检验。信度（reliability）即可靠性，是指采用同一方法对同一对象进行调查时，问卷调查结果的稳定性和一致性，即测量工具（问卷或量表）能否稳定地测量所测的事物或变量。信度指标多以相关系数表示，具体评价方法大致可分为三类：稳定系数（跨时间的一致性）、等值系数（跨形式的一致性）和内在一致性系数（跨项目的一致性）。采用主成分分析法对调查表的结构效度进行评价。

三、研究方法

本调查运用公共管理学、社会学、人口学和经济学等多学科理论和方法展开研究，使用的主要方法如下。

（一）实地调研和问卷调查法

为了了解城市老年人养老需求，获取第一手资料，在研究过程中我们专门开发设计了“中国城市社区养老服务需求与供给调查表”，主要研究内容包括区域经济水平、社会文化因素、居民人口结构和健康状况、卫生政策、市场竞争、投入指标、医疗服务质量、业务收入等指标。采用多阶段随机分层抽样方法，按照2018年山东省各地市人均GDP排名把16地市分为很发达、发达、中等、欠发达四层，从每层中随机抽取1个地市，在所抽取的地市中随机抽取2个区，再从抽中区中随机分别抽取社区卫生服务机构和社区养老服务机构各1所，共抽取16所社区医/养服务机构。从所抽取的各个社区医/养服务机构所服务的全部老年人中分层随机抽取年龄≥65岁的失能老人，按照自变量个数的20倍确定样本量。将上述社区医/养服务机构的服务人员及当地政府行政管理人员作为深入访谈对象。

（二）文献研究法

文献研究是科学研究的必要前提和基础。本项目在研究过程中，广泛搜集国内外文献，通过浏览、阅读、研究和整理，从中获取有益信息及理论、方法和观点支持，同时开阔视野，修正或纠正认识谬误和偏差，更新认知，建立科学、系统、完整的思维、思想和理论体系。另外，通过文献整理和梳理，弄清楚“在哪里”和“去哪里”等研究范畴定位问题，辨清方位，明确研究的目标、方向和范围，确保研究的科学性、有效性和创新性。

（三）统计分析法

统计分析法是本项目研究中使用的主要方法之一，该方法有两个用途：一是用于对调查问卷、调查资料和文献资料的整理和分析，从杂乱无章的调查数据和统计资料中获取有用信息；二是用于对城市社区养老服务供需状况进行综合评价分析，发现并指出养老服务需求现状及供给中存在的问题，为城市养老服务体系构建和对策研究提供指导和依据。调查数据采用EpiData、SPSS、HLM、RevMan等软件进行统计处理，所用方法主要包括Meta分析、层次分析法、对应分析、logistic回归分析、路径分析等。

（四）比较分析法和历史分析法

比较分析法和历史分析法也是本项目研究中使用的重要方法，这些方法的用途有两个：一是用在对中国城市社区养老服务发展历程特别是对家庭养老发展历史演进的分析中，二是用在对城市社区养老服务供需差异的分析中。

（五）系统分析法

系统分析法从全局角度为中国城市社区养老服务体系和机制建设提供了理论和方法指导，有助于厘清城市社区养老服务体系各责任主体间及构成养老服务体系的内在机制间的关系，同时对对策研究也具有重要的指导价值，是我们全面、总体把握本项目研究及构建科学、系统的城市社区养老服务体系的重要方法。本研究打破传统碎片化研究方式，按照城市社区养老服务体系管理模型，把政府、社区、机构、家庭、个人、社会组织纳入一体化分析，从各自所担负的责任出发，明确各层次体系运转的主要制约因素及作用机制，剖析目前城市社区养老服务体系存在的主要问题的深层次原因及其作用机制，结合对关键要素作用机制的分析，引入应用因素重要性推导模型及 SWOT 政策分析法，明确管理策略与关键因素的量化关系，在“整合”视角下提出城市社区养老服务体系优化构建的管理对策。

四、资料分析方法

（一）定性资料

对于文献研究法获取的文献资料，主要通过阅读过录文本、编码、属性归类、解释等分析步骤，对资料进行解读，提取相关信息。运用 IDEF0 功能建模法构建城市社区养老服务体系优化的概念模型。

（二）定量资料

采用 EpiData、SPSS、HLM、RevMan 等软件对调查数据进行统计处理，所用方法主要包括 Meta 分析法、层次分析法、对应分析法、logistic 回归分析法、多层线性模型、结构方程、可拓综合评价法等。

(1) 功能建模工具：IDEF0 模型。引入需求分析中的功能建模工具——IDEF0 模型，从模型的输入、输出、控制和机制 4 个维度整合体系运作的各个要素，按照城市社区养老服务“职能域—服务过程—服务活动”的结构维度，识别社区养老服务管理活动中存在的问题，构建城市社区养老服务体系优化的概念模型，形成城市社区养老服务体系的核心组成要素，如图 1–3 所示。

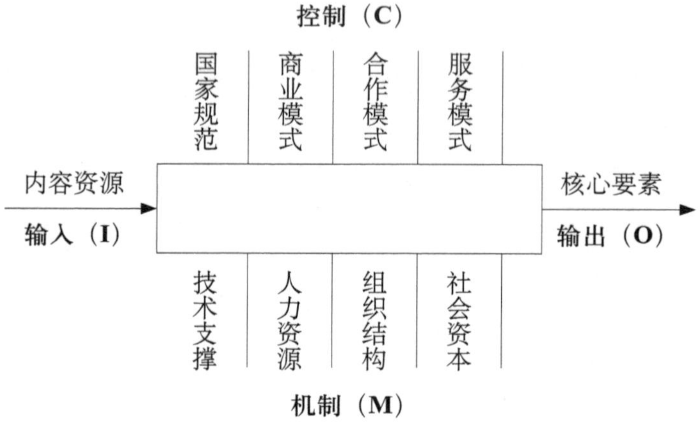

图 1-3　基于 IDEF0 模型的城市社区养老服务体系的构建框架

（2）对应分析法（Correspondence Analysis）。引入对应分析法，研究不同变量各个类别之间的对应关系。从需求层面明确不同层次老年人群相应的健康服务需求，从供给层面确立不同服务主体存在的相应脆弱性问题，发现各层次脆弱性因子间的聚集趋势。

（3）多层线性模型（HLM）。社区健康服务体系受经济社会发展、地方卫生政策、社区健康服务机构管理模式、家庭 / 老年人健康素养、社会 / 社区支持等多个内外环境因素的影响，对其进行优化构建时应考虑上述因素以及它们之间的交互作用，本研究采用多层线性模型识别体系优化构建的制约因素及联系强度。

（4）策略分析方法。运用重要因素推导模型对城市社区养老服务体系构建过程中的影响因素进行分析，识别需要优先关注的影响因素，描述其发展趋势；应用路径分析探讨因素集合的交互效应及作用方向；运用 PEST 和 SWOT 分析等方法，系统分析城市社区养老服务体系的整体服务能力，从关键因子出发，进一步确定推进城市社区养老服务体系健康运转应优先关注的问题。

五、实验方案

课题研究实验方案可概括为“四个维度”“两个视角”和“八个过程”。“四个维度”即体系业务模型、体系管理模型、健康需要与服务供给，“两个视角”即整体健康管理视角和整合视角。根据拟确定的研究目标和研究内容，通过理论与实证研究，并关注供方、需方和社会环境因素的反馈，提出城市社区养老服务体系的初步理论框架（见图1–4），以期优化构建出更符合供需方诉求、协同效果更好、健康产出效率更高、面向社区老人的城市社区养老服务体系。

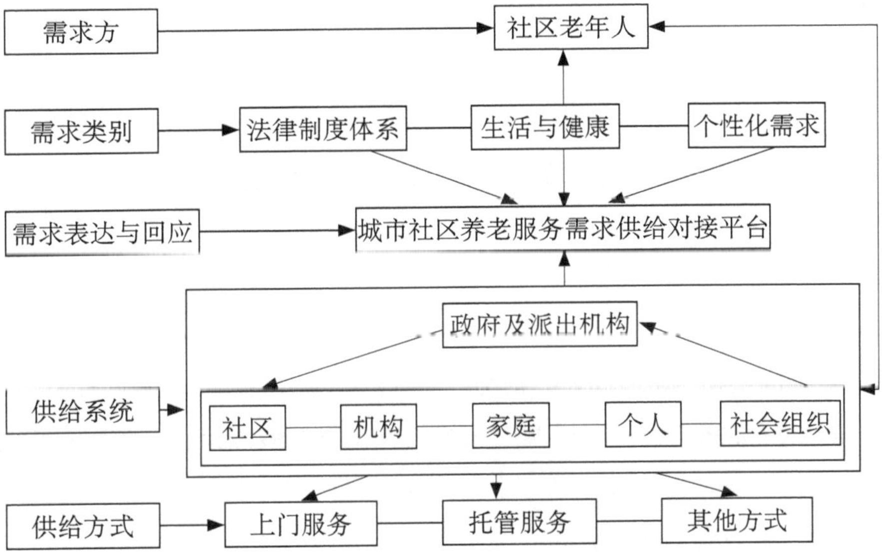

图1–4 城市社区养老服务体系初步理论框架

六、质量控制

质量控制分三个阶段进行。

（1）调查表拟订与预调查阶段。通过专家咨询及小组讨论对拟订的调查表与访谈提纲进行反复论证与修改；通过预调查，对调查表的信度和效度进行检验，根据分析结果对调查表和访谈提纲进行完善。

（2）调查阶段。通过多阶段随机抽样的方法抽取调查对象；选拔工作认真负责、有丰富现场调研经验和专业知识的教师、研究生作为调查员；调查前对调查员进行统一培训，正式调查之前进行预调查，并抽取部分调查样本进行复查，以确保定性调查资料的可信度。

（3）资料整理与分析阶段。对回收的调查表进行核查，查漏补缺，剔除有明显逻辑错误和无法补全的问卷。采取双人双机进行数据输入。在统计分析阶段，根据资料类型、研究目的和统计学方法选择适当的统计学方法。

第五节　研究创新和不足

一、研究创新

本书的研究创新可简要概括为以下三点。

（1）研究视角上，在健康中国战略背景下开展城市社区养老服务体系的优化构建研究，构建了一个定性和定量研究方法相结合、涵盖老年社区健康服务需方和供方的研究框架，为今后相关研究提供了平台。引入复杂系统理论和脆弱性分析理论等，重新梳理与确定体系存在的主要脆弱性问题，克服以往碎片式研究的散在性，确保所确立的体系具有全面性和针对性，实现在系统层面对城市社区养老服务体系的全方位把控和优化。

（2）研究方法上，结合社会经济统计资料和实地调查问卷资料，首次从宏观和微观两个层面对影响城市社区养老服务需求的因素进行了质性分析和实证研究。引入IDEF0模型，确立城市社区养老服务体系优化构建概念模型，梳理体系协调运转的服务主体、服务项目和服务流程等，寻找体系可能存在的关键脆弱节点，确定体系的核心保障要素。引入对应分析方法，确立不同层次老年人与养老需求之间的相应关系，并对供需差异进行分析；确立不同服务主体存在的相应脆弱性问题，探讨各层次间的聚集关系。引入多层线性模型解决数据组内相关性的问题，识别主要影响因素及各因素间的交互效应、作用机制，提高结果的可靠性。

（3）研究内容上，融合“四个维度”与“两个视角”进行城市社区养老服务体系的优化构建及管理策略研究，克服传统单维度构建体系导致的随意性和零散性问题，弥补传统研究中由于缺失脆弱性分析导致的系统性漏洞问题，确保构建的城市社区老年服务体系具有整体性、实效性和针对性。从公共管理角度提出以政府为主导、以家庭为基础、以社区为依托、以机构为补充的普惠型、多元化、多层次的中国城市社区养老服务体系建设框架，探讨其内在机制及相互关系，并提出具体的、有针对性的措施，为进一步从国家层面上科学完善老年健康服务体系提供理论与实证依据。

二、研究不足

本书研究的不足主要体现在以下两个方面。

（1）受指标统计数据全面性、连续性及问卷调查抽样覆盖面和典型代表性影响，基于宏观和微观层面的城市社区养老服务需求影响因素的研究结果的可靠性有待检验。另外，受指标统计数据可得性和连续性影响，加之基于对应分析的综合评价法的自身缺陷，对样本地区城市社区养老服务供需状况的综合评价结果也可能存在偏差，有待今后在不断完善研究方法的同时，开展更加全面、深入的研究。

（2）城市社区养老服务体系建设是一个涉及家庭、政府、社区、非营利组织和企业等多个主体及其利益，以及社会、政治、经济、文化和价值观等诸多方面问题的系统工程，还涉及城乡和地区利益协调及均衡发展问题，其复杂性和困难度可想而知。因此，本书无论是在城市社区养老服务体系框架设计和内在机制建设方面，还是在对策研究方面，都存在诸多缺陷和不足，特别是在同一省份不同城市间存在巨大经济发展差距的情况下，城市社区养老服务体系建设会变得更复杂，由此既需要因地制宜地进行分类研究，又需要注意地区间、城乡间的统筹发展。这些均是今后研究中应予关注和加强的方面。

第二章

理论与功能层面下城市社区养老服务概念模型研究

第一节 城市社区养老服务概念模型构建原理

功能建模是城市社区养老服务系统建模中的重要组成部分，也是城市社区养老服务系统功能和业务处理信息的基础模型。本研究从城市社区养老服务整体观视角出发，涵盖躯体、心理和社会功能三个方面，运用 IDEF0 模型方法，建立城市社区养老服务功能业务模型，用来描述城市社区养老服务系统的业务功能。

IDEF0 构建概念模型的顶层设计如下。

一、建模的技术路线

建立社区养老服务的业务模型阶段，主要通过信息资源规划需要分析方法、文献检索法、比较分析法、现场调研法、层次分类、IDEF0 模型等方法优化拟合完成。经过建立社区养老服务功能大类、子类——业务建模——定义职能域——定义业务过程——业务活动分析 5 个步骤完成。

二、IDEF0 需求建模法

IDEF0 模型用于分析企业内部的各项功能流程，通过图像模型说明这些功能是由什么掌控的，谁在执行这些功能，通过哪些资源来实现这些功能，这些功能流程的效果是什么（倪明，2005），以及它与其他功能之间的关系。从 IDEF0 到 IDEF14（包括 IDEF1x 在内）共有 16 套方法，每套方法都是通过建模程序来获取某种特定类型的信息。IDEF 方法用于创建各种系统的图像表达，分析系统模块，创建系统的最佳版本，帮助实现不同系统之间的转换。IDEF 有时与差异分析并用。

IDEF0 是活动模型的缩写，来源于结构化分析与设计技术的一套标准，这些标准包含多种层次的图形语言，其中 IDEF0 用来描述对于企业具有重要性的各个过程或活动（全雄文，2005）。它以图形表示完成一项活动所需要的具体步骤、操作、数据要素以及各项具体活动之间的联系方式。输入（input），实行或完成特定活动所需的资源，置于框图的左侧。输出（output），经由活动处理或修正后的产出，置于框图的右侧。控制（control），活动所需的条件限制，置于框图的上方。机制（mechanisms），完成活动所需的工具，包括人员、设施及装备，置于框图的下方。IDEF0 建模原理如图 2–1 所示。

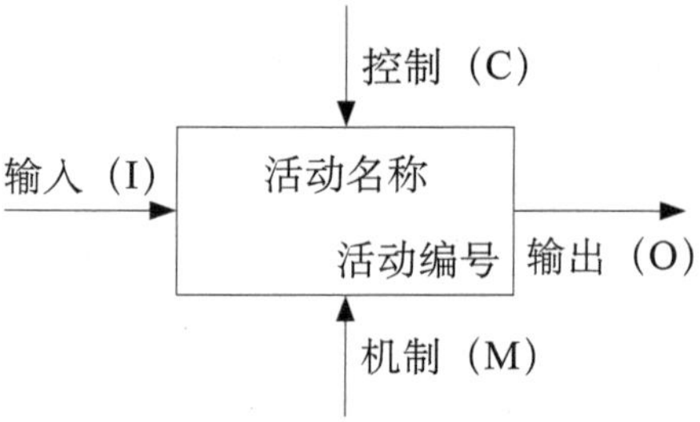

图 2–1　IDEF0 建模原理

图 2–1 描述功能活动示意图中，矩形框代表功能活动，写在矩形框内的动词短语描述功能活动的名称，活动的编号按照要求写在矩形框右下角指定的位置。左侧的“输入”箭头表示完成活动需要的数据，矩形框上方的“控制”箭头描述了影响这个活动执行的事件或约束条件，右侧的“输出”箭头说明由活动产生的结果及信息，下方的“机制”箭头表示实施该活动的物理手段或完成活动需要的资源（计算机系统、人或组织）。

三、功能建模原理

功能建模是社区养老服务系统建模中的重要组成部分，也是社区养老服务系统功能和业务处理信息的基础模型。功能模型用来描述社区养老服务系统的业务功能，是在社区养老服务功能科学分类的基础上，运用 IDEF0 模型方法建立的社区养老服务功能业务模型。

社区养老服务功能业务模型按照“功能大类——功能子类——功能项（职能域）——业务过程——业务活动”的层次结构建立，以功能业务模型结构图的形式表达。其中功能大类、功能子类、功能项三项是对社区养老服务功能的总体把握以及结构的层层分解，职能域、业务过程、业务活动三项是对前者的具体体现和补充说明。

（一）建模遵循的原则

建模遵循以下原则：完整性、适用性、稳定性、兼容性、科学性、系统性和可扩展性原则。

（二）建模步骤

建模的步骤为：第一，研制社区养老服务职能域模型。只要社区养老服务的指导思想不变、社区养老服务机构的服务对象和主要职责不变，职能域就是不变的。研究定义职能域是由社区护理服务主管部门、社区护理服务管理人员、社区全科医生、信息规划专业人员共同完成的。职能域的界定包括职能域的命名和职能的描述。划分出社区养老服务的职能域后，就可以进一步明确社区养老服务信息资源管理的范围和边界。对职能域的界定包括对职能域的命名和对职能的描述。界定社区养老服务职能域，需要分析以下四个方面的内容：①社区养老服务的指导思想、服务对象、主要职责。②社区养老服务内容和发展方向的变化情况。随着我国卫生改革的不断深化、卫生制度的不断完善和发展、医疗卫生科学技术的发展，结合社区养老服务开展的层次以及可能出现的卫生紧急情况，社区养老服务内容和层次可能参差不齐，各有偏重。因此，在设置职能域时需要考虑周全，留有余地。③职能域涵盖社区养老服务目标、思想、内容及其变化的情况。④职能域覆盖现有社区卫生服务机构、部门、科室功能的程度。第二，研制每一社区养老服务职能域所包含的业务过程。业务过程或称为业务流程，是职能域中一组联系紧密的活动。一个社区养老服务职能域中可以包括几个到几十个业务过程。界定业务过程，需要能概括其作用的命名，还需要对其作用有一个简短的描述。业务过程的确定是一个反复修改完善的过程，因而要反复地检查，尽量减少不妥之处；职能域和业务过程的确定要独立于当前组织机构的职能，是按照自顶向下规划的目的来确定，不能简单地按照现有机构、部门、科室和职务来定义职能域和业务过程；建立社区养老服务业务模型，是在高层社区养老服务管理人员和社区养老服务工作人员的共同参与下完成的。第三，业务活动分析。每个业务过程都包含一定数目的业务活动。业务活动是社区养老服务功能和业务分解后最基本的、不可再分解的最小功能业务单元。每一业务活动需要具有四个方面的特征：①产生清晰可识别的结果；②有清楚的时空界限；③是一个执行单元；④具有独立性。

（三）建模方法

运用功能建模工具——IDEF0 模型方法，建立社区养老服务功能业务模型。IDEF0 模型方法是一种面向功能的设计模式，采用严格的自顶向下逐层分解的方式构造模型，符合一般的设计规律；采用层次化的图形描述，有利于对功能结构的展示和功能关系的描述。运用 IDEF0 模型方法，在社区养老服务业务功能分类的基础上继续往下分解，得到社区养老服务的业务活动和活动过程分类。

四、功能模型结果

老年健康整体观是从健康管理的视角出发，多维度理解老年人的健康问题，强调对老年人躯体、心理、社会功能以及综合反应的全方位健康管理。社区卫生服务机构作为社区健康促进和三级预防服务体系的重要组成部分，关系到社区老年人的身心健康，发挥着越来越重要的作用。

从老年社区养老服务整体观视角出发，老年社区养老服务项目业务应涵盖老年人躯体、心理和社会功能三个方面。从国内外社区养老实践出发，重点借鉴国外社区养老组织形式与服务内容，收集、整理城市社区养老具体业务项目，同时引入社区健康促进理论、三级预防理论、健康素养理论，结合运用文献检索、专题小组讨论、专家咨询等方法，从健康促进、疾病预防和疾病护理 3 个维度构建满足健康管理视角下要求的社区养老服务项目的业务模型。其中，在健康促进维度着重提升老年人的健康素养，承担着传播健康知识理念，改善不良健康行为和生活方式，帮助老年人掌握急救方法、中医养生保健等基本技能的功能，在疾病预防维度着重提供疾病的预防服务，危险因素作用于机体到出现疾病临床症状有一个过程，在出现临床症状之前承担着早发现、早诊断、早治疗的“三早”预防服务功能；在疾病护理领域，主要满足患病老年人在一般护理、长期护理、特殊疾病护理和特色中医护理方面的需要。

采用层次分类法把社区养老服务的功能活动按照逻辑关系层层分解，形成社区养老服务的功能等级结构。在此基础上，整合各方法所产生的功能分析结果，得出社区养老服务功能业务，包括 5 个功能大类、11 个功能子类、53 个功能项（职能域），如表 2–1 所示。

表 2–1　社区养老服务业务功能归类

功能大类	功能子类	功能项（职能域）
健康促进	基本知识和理念	健康理念
		健康知识宣教
		健康咨询
	健康生活方式与行为	营养与饮食
		运动锻炼
		睡眠与休息
		健康行为
		安全防护
		环境卫生
		家庭卫生
		心理健康咨询及指导
		肥胖控制
	基本技能	家庭急救知识指导
		老年养生保健指导
疾病预防	早发现和早诊断	建档信息动态管理
		定期健康评估
		健康监测
		家庭访视
		社区卫生诊断（协助）
		疾病筛查及知识指导
	早治疗	预防接种
		督促及时就诊
疾病护理	一般护理	老年综合征护理
		一般疾病护理
	长期护理	长期照护
		慢性疾病护理

续表

功能大类	功能子类	功能项（职能域）
疾病护理	特殊护理	心理护理
		精神疾病护理
		传染性疾病护理
		康复护理
		临终护理
		上门基础护理
		双向转诊
		社区紧急救护
		突发公共卫生事件紧急救援
		社区灾害护理
	特色护理	中医护理
生活照料	基本知识和护理理念	衣着服务
		修饰服务
		饮食服务
		如厕服务
		口腔清洁服务
		皮肤清洁服务
		压疮预防
		便溺护理
精神慰藉	基本项目	设立心理健康服务室
		建立心理健康档案
		心理健康知识宣教活动
		心理咨询服务
		团体互动活动
		心理疾病的筛查
		心理危机干预
		心理治疗

第二节　基于 IDEF0 的城市社区养老服务模式概念模型研究

一、城市社区养老服务项目构建运作的要素分析

借助 IDEF0 模型构建城市社区养老服务项目的运作模型，项目运作的各要素主要包括：①输入要素，即城市社区养老服务项目构建所需的相关学术研究、老年人健康需求、社区健康服务资源等内容资源，这是项目构建的基础。②控制要素，即城市社区养老服务项目构建的规范与约束，主要从国家、市场、社区健康服务机构 3 个方面，从政策规范、运营模式两个维度明确项目构建的控制要素。运作控制是项目构建的核心。③机制要素，即城市社区养老服务项目运作所需要的资源，主要包括技术支撑、人力资源和社会资本 3 个方面。运作机制是项目实施的根本。④输出要素，即城市社区养老服务项目输出的产品，按内容可划分为医疗、护理、生活照料、心理健康层面的健康服务项目。结果输出是城市社区养老服务项目可持续发展的保障，其分析框架如图 2–2 所示。

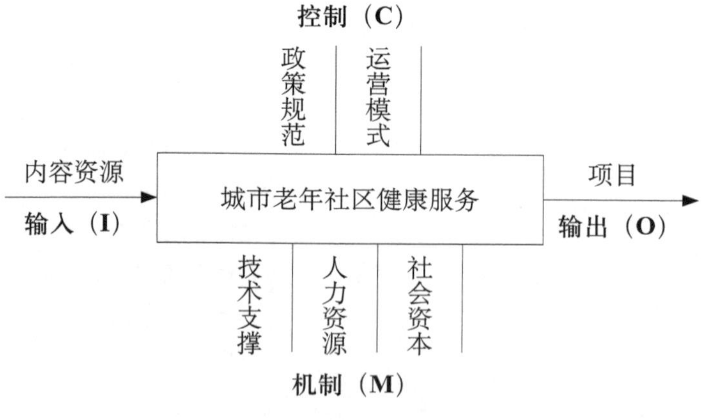

图 2–2　城市社区养老服务适宜项目概念模型构建框架

二、城市社区养老服务项目概念模型的构建

本研究在上述要素分析的基础上，从输入、控制、机制和输出 4 个维度构建城市社区养老服务项目概念模型，其框架结构如图 2-3 所示。

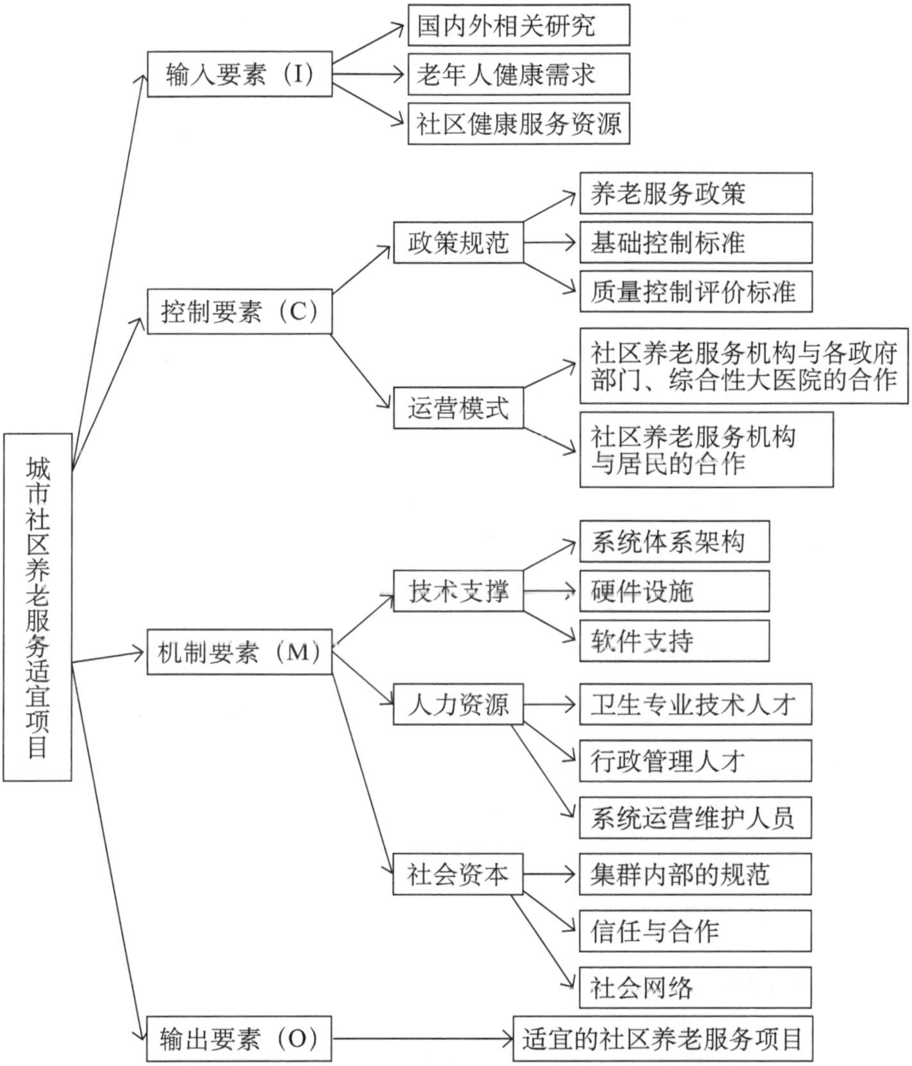

图 2-3　城市社区养老服务适宜项目概念模型

（一）概念模型之输入端

城市社区养老服务项目概念模型的输入端是各种内容资源，可从相关学术研究、老年人健康需求和社区健康服务资源方面加以描述。

（1）相关学术研究。相关学术研究指构建城市社区养老服务项目概念模型所需要检索的国内外相关研究。目前国内外相关研究的来源主要有期刊、数据库论文、会议论文、老年行业资讯、健康论坛、社区服务等。其中，期刊是主要的研究来源，特别是高质量期刊论文。

（2）老年人健康需求。老年人的健康需求是构建城市社区养老服务项目的最主要依据。随着生活水平的提高，老年人对健康服务的需求不断增加，需求层次日益多元化，因此在构建适宜的社区健康服务项目时，需要调查老年人躯体、心理、社会功能以及综合反应方面的健康需要，并以此为依据，确立老年人在健康促进、疾病预防、医疗护理、生活照料、精神慰藉等方面对应的健康服务需求项目（罗盛，2016），并对服务项目的需求迫切程度进行排序，为形成切合实际的、立足健康需要层面的社区养老服务项目提供依据。

（3）社区健康服务资源。运用项目成本效益分析、工作日写实等方法，分析社区健康服务机构目前已开展的社区养老服务项目及项目内容，包括社区健康评估、疾病照护、日常生活照护、精神心理照护与康复照护、健康指导等项目；明确目前老年人已享受到的相应的健康服务项目状况，并寻找与需求之间的差距；分析其现有的社区养老综合服务能力和潜在的社区养老服务能力，为形成切合实际的、基于供给层面的社区养老服务项目提供依据。

（二）概念模型之控制约束

城市社区养老服务项目模型的构建运作受到国家出台的政策规范、运行模式等控制因素的影响。

（1）政策规范。这是城市社区养老服务项目构建的关键控制因素，可分为两类：基础控制标准和质量控制评价标准。其中基础控制标准主要包括国家出台的《城市社区卫生服务机构设置和编制标准指导意见》《城市社区卫生服务机构管理办法（试行）》《城市社区卫生服务中心、站基本标准》等关于机构设置、人员编制、病床设置及其他配置等基本准入性标准（叶强，2013）；质量控制评价标准主要包括城市社区健康服务机构服务的基础质量、环节质量和终末质量控制标准及国家出台的《社区卫生服务机构绩效考核办法（试行）》等关于机构管理、公共卫生服务、基本医疗服务、中医药服务、满意度等方面的绩效评价标准等（张亮，2013）。

（2）运营模式。这是影响城市社区养老服务项目构建及运作的主要因素。城市社区养老服务机构运营模式主要受动力机制、整合机制、激励机制、控制机制和保障机制 5 个方面的影响。其中，整合机制的影响作用较大，主要是指社区养老服务机构的良性运行要加强与其他机构的合作以及与社区居民的合作。社区养老服务机构与其他机构的合作主要是社区养老服务机构与各政府部门、综合性大医院之间的合作，社区养老服务机构的运行必须坚持社区卫生服务的公益性质和政府主导的方向，建立与综合性大医院之间稳定、双赢的双向转诊制度及良好的协调关系。

（三）概念模型之机制支撑

（1）技术支撑。城市社区养老服务项目运作所需的关键技术主要包含系统体系架构、硬件设施及软件支持 3 个层面。目前，城市社区养老服务平台的系统体系架构主要是社区卫生综合信息系统，该系统的硬件设施可分为管理平台和业务平台。管理平台的主要用户是负责辖区内社区健康服务管理的卫生行政部门，业务平台的主要用户是社区健康服务机构。社区卫生综合信息系统的运行离不开软件支持，所需软件包括服务器操作系统、数据库管理和处理软件等。

(2) 人力资源。高素质人才是城市社区养老服务项目成功运作的关键。目前，社区健康服务可持续发展所需的复合型人才主要包括高素质和高技能的卫生专业技术人才、行政管理人才、系统运营维护人员等。尤其是高素质的全科医生，是保证城市社区健康服务项目成功构建与运作的关键影响因素。

(3) 社会资本。对城市社区健康服务机构而言，社会资本是指社区健康服务机构同其他社区服务机构、政府部门、综合性医院、老年健康服务产品生产企业、行业协会等部门之间的关系，具体体现为集群内部的规范、信任与合作、知识共享的机制以及自我增强的社会网络。规范可理解为政策和规则，作为社会资本的规范，是指能改善组织间关系的非强制性政策，如促进集群内各组织间合作、互动、信息共享的政策。信任是社会资本的关键要素，是指社区健康服务机构的运行必须坚持社区卫生服务的公益性质和政府主导的方向，建立与综合性大医院之间稳定、双赢的双向转诊制度及处理好与城市居民之间的协调关系。

（四）概念模型之输出端

城市社区养老服务项目概念模式的输出端是各种适宜的社区养老服务项目，可从项目的服务过程和形式等方面加以描述。按项目服务的过程可划分为健康促进服务项目、疾病预防服务项目和疾病护理服务项目，按项目服务的形式可划分为疾病护理、生活照料、心理健康层面的健康服务项目，共49项。城市社区养老服务适宜项目的内容，如表2–2所示。

表 2-2　城市社区养老服务适宜项目的内容

健康促进服务（13 项）	疾病预防服务（8 项）	疾病护理服务（11 项）	生活照料服务（9 项）	精神慰藉服务（8 项）
营养饮食指导	预防接种	一般疾病护理	个人清洁卫生服务	设立心理健康服务室
合理运动锻炼指导	定期体检	老年常见慢性疾病护理	衣着服务	建立心理健康档案
睡眠和休息指导	随访病原携带者和接触者	传染病护理指导	修饰服务	心理健康知识宣教活动
控制体重指导	传染病预防宣教	精神病护理	饮食服务	心理咨询服务
正常排尿与排便指导	健康监测指导	上门基础护理	如厕服务	团体互动活动
建立健康档案	健康信息动态管理	家庭病床服务	口腔清洁服务	心理疾病的筛查
健康知识宣教	社区义诊护理	安全用药指导	皮肤清洁服务	心理危机干预
家庭及自我卫生知识指导	协助社区卫生诊断	心理护理和指导	压疮预防	心理治疗
环境卫生指导		康复护理和指导	便溺护理	
合理使用保健用品指导		定期随访		
行为安全知识指导		临终护理		
热线电话健康咨询				
家庭急救技术和知识指导				

城市社区养老服务适宜项目的构建及运作是一个复杂动态系统，在项目的构建过程中最大的问题就是对项目的各个要素梳理不清，对运作机制不熟悉，导致项目的服务内容定位不准确、服务流程不规范、运作失控、供需失衡等，难以满足老年人整体健康管理的要求。

本研究首次将IDEF0模型运用到城市社区养老服务适宜项目的构建中，通过模型清晰而直观地将该系统各要素进行分解阐释，并从输入、输出、控制和机制4个维度对各要素进行系统组合，清晰地表达出每一项目活动进行的是什么（What），为何这么做（Why），如何做（How），通过图形与文字描述表述系统内各功能与功能间的关系，最终从健康促进服务、疾病预防服务、疾病护理服务、生活照料服务、精神慰藉服务5个层面全面确立社区养老服务项目49项。城市社区养老服务适宜项目概念模型汇聚了国内外政策规范、相关研究成果、实践经验，是对中国城市社区养老服务适宜项目的综合性全景式描述。本研究提出的概念模型仅从输入、输出、控制和机制4个维度对影响项目的各要素做了粗颗粒度的分析，仍需进一步基于中国城市社区养老服务的实际情况增补相关内容、细化完善模型，为更科学地从理论与功能层面研制城市社区养老服务适宜项目提供方法学依据。

第三章

城市社区养老服务适宜项目研究

第一节　基于政策文件提取养老服务项目指标

政策文件，指的是国家政权机关、政党组织和其他社会政治集团为了实现自己所代表的阶级、阶层的利益与意志，以权威形式标准化地规定在一定的历史时期内，应该达到的奋斗目标、遵循的行动原则、完成的明确任务、实行的工作方式、采取的一般步骤和具体措施的文件（李运华，2022）。本研究采用背对背的分析方式，两位研究员逐一阅读研究政策文件，严格按照事先制定好的评价标准，以关键词为单位进行评判和记录。研究员只记录某类项目有或无的客观事实，避免使用主观的、价值性的词语对内容做出判断，对于有异议的条目，在总结日常表达习惯的基础上，借鉴《现代汉语词典》标准释义，结合老年社区照护服务项目的独立性和社区开展的实际情况，对提取的特征词进行拆解、合并和解释，得出老年人（包括失能老人）社区照护服务项目指标的客观记录，如表 3–1 所示。

表 3–1　基于政策文件初步提取的社区养老服务项目关键词

编号	政策文件内容摘录	指标提取
1	提高社区卫生服务机构为老年人提供日常生活照料、慢性疾病管理、康复、健康教育和咨询、中医养生保健等服务的能力，鼓励医疗机构将健康服务延伸至居民家庭	生活照料、慢性疾病管理、康复护理、健康教育、健康咨询、中医养生保健、上门基础护理

续表

编号	政策文件内容摘录	指标提取
2	鼓励为社区高龄、重病、失能、部分失能以及计划生育特殊家庭等行动不便或确有困难的老年人，提供定期体检、上门巡诊、家庭病床、社区护理、健康管理等基本服务	定期体检、家庭病床、老年人健康管理
3	基层医疗卫生机构和慢性疾病医疗机构为诊断明确、病情稳定的慢性疾病患者、康复期患者、老年病患者、晚期肿瘤患者、残疾人等提供治疗、康复、护理服务	慢性疾病照护、康复护理、老年病护理
4	鼓励各级医疗卫生机构和医务工作志愿者定期为老人开展义诊	社区义诊护理
5	社区卫生服务机构提供以下基本医疗服务：一般常见病、多发病诊疗、护理和诊断明确的慢性疾病治疗，社区现场应急救护，家庭出诊、家庭护理、家庭病床等家庭医疗服务，转诊服务	常见病、多发病护理，紧急救护，家庭护理，家庭病床，转诊服务
6	社区卫生服务机构按市（地）级以上政府的有关规定，为社区居民提供传染病、地方病、寄生虫病和有关慢性疾病预防控制，有关老年保健、健康教育服务，卫生信息管理等公共卫生服务	传染病防控、慢性疾病防控、老年保健、健康教育、卫生信息管理
7	由社区卫生服务中心、社区卫生服务站和乡镇卫生院等城乡基层医疗卫生机构提供基本公共卫生服务、日常门诊、健康体检、医务人员入户服务等多种方式的服务，并为居民建立健康档案	定期体检、建立健康档案
8	开展服务项目：健康体检、辅助检查、判断是否需急（转）诊、健康状态评估、健康指导、健康教育、健康饮食指导、心理健康指导、老年人家庭与社区支持、疾病预防、双向转诊	定期体检、辅助检查、转诊服务、健康评估、健康指导、健康教育、营养饮食指导、心理健康指导
9	健康生活方式主要包括合理膳食、适量运动、戒烟限酒、心理平衡 4 个方面	健康生活方式、营养饮食、运动锻炼、健康行为、心理健康指导
10	根据中医护理防重于治、注重养生的思想，发挥中医护理在老年病、慢性疾病防治和养生康复中的作用，注重中医药技术在护理工作中的应用	老年病护理、慢性疾病护理、康复护理、中医养生保健、中医技术护理

续表

编号	政策文件内容摘录	指标提取
11	老人、体弱者等容易感染流感的人群，应当在医生的指导下接种流感疫苗	预防接种
12	鼓励基层医疗卫生机构转变服务模式，实行签约服务，开设家庭病床，推进护理服务向居民家庭延伸	家庭病床、上门基础护理
13	社区卫生服务中心负责提供基本公共卫生服务，常见病、多发病的诊疗护理以及康复治疗、康复训练等综合服务	常见病、多发病护理
14	将心理健康服务作为城乡社区服务的重要内容，依托城乡社区综合服务设施或基层综合治理中心建立心理咨询（辅导）室或社会工作室（站），对社区居民开展心理健康宣传教育和心理疏导	心理健康咨询、健康知识宣教、心理疏导
15	全面应用基层卫生计生信息综合管理系统，实现全员人口信息与居民电子健康档案互通共享	建档信息动态管理

在指标归类处理阶段，采用专题小组讨论法，结合拉菲利健康促进模式（健康促进、疾病预防和疾病护理），对具有共同属性的指标进行归类、合并，由于同一指标的表述各异，对于易混淆、有歧义的指标进行小规模专家咨询，以便对指标的划分有一个更合理的依据。最终基于政策文件提取的社区养老服务项目指标的汇总情况，如表 3–2 所示。

表 3–2　基于政策文件提取的社区养老服务项目指标归类结果

一级指标	二级指标	序号	三级指标	频次	频次合计
健康促进	基本知识和理念	A1	心理健康咨询及指导	20	68
		A2	健康知识宣教（健康知识讲座等）	19	
		A3	环境卫生	16	
		A4	健康咨询	10	
		A5	保健用品使用指导	3	

续表

一级指标	二级指标	序号	三级指标	频次	频次合计
健康促进	健康生活方式与行为	A6	运动锻炼指导	17	50
		A7	控制体重指导	9	
		A8	营养与饮食指导	7	
		A9	健康行为（不吸烟、不饮酒等）	7	
		A10	安全防护（跌倒、溺水等）	6	
		A11	睡眠与休息指导	2	
		A12	家庭及自我卫生指导	2	
	基本技能	A13	中医养生保健	23	32
		A14	家庭急救知识指导	5	
		A15	健康口腔	4	
疾病预防	早发现和早诊断	B1	建档信息动态管理	33	71
		B2	传染病防控	15	
		B3	预防接种	13	
		B4	精神疾病防控	6	
		B5	协助社区卫生诊断	4	
		B6	定期体检	21	43
		B7	疾病筛查	4	
		B8	自我健康监测指导	9	
		B9	慢性疾病预防宣教	7	
		B10	传染病预防宣教	2	
	早治疗	B11	老年人健康管理	17	45
		B12	定期随访	9	
		B13	老年保健	9	
		B14	社区义诊护理	8	
		B15	随访病原携带者与接触者	2	
疾病护理	一般护理	C1	门诊服务	7	52
		C2	健康状况评估	5	
		C3	就诊复诊指导	5	
		C4	病情观察	2	
		C5	常见病、多发病护理	18	
		C6	用药安全指导	15	

续表

一级指标	二级指标	序号	三级指标	频次	频次合计
疾病护理	长期护理	C7	慢性疾病护理	5	25
		C8	慢性疾病健康管理	20	
	特殊护理	C9	心理护理	2	134
		C10	精神疾病护理	2	
		C11	精神疾病管理	10	
		C12	传染病护理	3	
		C13	康复护理	21	
		C14	紧急救护	9	
		C15	突发事件紧急救援	13	
		C16	临终关怀	13	
		C17	上门基础护理	15	
		C18	居家护理	4	
		C19	家庭病床	6	
		C20	转诊服务	25	
		C21	延续护理	3	
		C22	生活照料	8	
	特色护理	C23	中医技术护理（针灸、刮痧、推拿等）	16	16
生活照料	基本知识和护理理念	D1	衣着服务	9	84
		D2	修饰服务	12	
		D3	饮食服务	15	
		D4	如厕服务	11	
		D5	口腔清洁服务	5	
		D6	皮肤清洁服务	8	
		D7	压疮预防	13	
		D8	便溺护理	11	
精神慰藉	基本项目	E1	设立心理健康服务室	15	83
		E2	建立心理健康档案	13	
		E3	心理健康知识宣教活动	12	
		E4	心理咨询服务	10	

续表

一级指标	二级指标	序号	三级指标	频次	频次合计
精神慰藉	基本项目	E5	团体互动活动	9	83
		E6	心理疾病的筛查	5	
		E7	心理危机干预	8	
		E8	心理治疗	11	

第二节　基于文献分析提取老年人社区养老服务项目指标

文献分析法是指通过对收集到的某方面的文献资料进行研究，以探明研究对象的性质和状况，并从中引出自己观点的一种分析方法（张茜，2021）。文献分析法的主要内容有：①对查到的有关档案资料进行分析研究。②对搜集来的有关个人的日记、笔记、传记进行分析研究。③对收集到的公开出版的书籍刊物等资料进行分析研究（邓永志，2021）。本研究拟通过文献检索收集老年医养照护服务项目相关文献资料，采用内容分析法对文献内容所涉及的老年人医养结合养老服务项目进行汇总，初步提取老年人医养结合养老服务项目指标；同时，通过查阅相关领域项目指标的制定与筛选方法、原则和过程，以及指标界定的内容等，学习、参考其成功之处，为本研究提供经验借鉴。

一、文献来源及检索策略

以中国知网和万方数据为数据源，采用主题词专业检索，检索词为“老年＋社区＋养老＋供给 / 需要 / 满意 / 项目 / 内容”，检索时间段为 2010 年 1 月至 2020 年 9 月，共检索文献 3513 篇，其中中国知网 1257 篇、万方数据 2256 篇。把文献题录导入 NoteExpress 3.2，剔除报纸及信息错误、重复文献、软件不能读取的文献，最终保留 2892 篇文献资料。

二、文献分析

首先对 2892 篇文献进行筛选，由 4 位研究员逐一阅读每篇文献的题目和摘要，剔除不相关的文献，保留与本研究相关度较高的文献 300 篇。在筛选文献的过程中，4 位研究员初步了解了文献的内容，为进一步归纳总结打下基础。

按照事先制定好的筛选标准，由这 4 位研究员深入阅读每篇文献，以关键词为单位提取城市社区养老服务项目指标（见表 3–3）。指标提取记录完毕后，将结果录入 Excel，构建项目指标频次表，共计 117 个项目指标，删除频次低于 5 次的指标，剩余 54 个项目指标，如表 3–4 所示。

表 3–3　文献分析提取的社区养老服务项目指标（示例）

编号	文献内容摘录	护理服务项目指标提取
1	社区照护已成为老年慢性疾病患者出院后获得连续照护服务的关键环节	连续照护
2	根据老年人的需要，社区应组织老年人定期体检，建立老年慢性疾病管理档案	定期体检、建立健康档案
3	老年人对血压监测及防治高血压的健康宣传教育需要相对较高。糖尿病患者一般需要定期监测血糖，他们非常需要这方面的专业护理及宣传教育	健康监测（血压、血糖等）、健康知识宣传教育
4	完善社区护理服务项目，大力发展居家照护，提供治疗、护理、康复、心理咨询、日常生活照料和临终关怀等服务，以适应不同层次老年人的卫生服务需要	居家照护、康复护理、心理咨询、日常生活照料、临终护理

续表

编号	文献内容摘录	护理服务项目指标提取
5	在上门服务项目中满足率最高的是血压监测、服药指导和保健咨询，而导管护理和临终关怀项目尚未提供，表明社区卫生服务中心已具备基础的疾病护理服务，但在服务的内容方面仍有较大的局限性	上门基础护理、健康监测（血压等）、用药安全指导、健康咨询、导管护理、临终护理
6	国内外研究的社区服务内容广，涉及面多，包括一般日常生活照护、基础护理（如注射、输液、换药、膀胱冲洗、皮肤护理等）、专业护理、个案护理、健康教育、心理护理、疼痛控制、康复护理（如脑血管意外后遗症患者的康复锻炼指导）、生活质量评估等	日常生活照护、基础护理、专业护理、个案护理、健康教育、心理护理、缓解疼痛、康复护理、生活质量评估
7	美国近 20 年在老年健康服务领域取得了很大进步，老年护理服务形式和项目丰富多彩，为不同人群、不同层面的人提供营养饮食指导、各种慢性疾病的护理、用药安全指导、语言康复治疗护理、心理护理、健康知识调查、健康状况访问、缓解疼痛、精神调理、生活照顾与临终护理等服务	营养与饮食指导，慢性疾病护理，用药安全指导，康复护理，心理护理，健康知识调查，家庭访视，缓解疼痛、精神调理，生活照顾，临终护理
8	社区护理人员一致认为，目前南昌市老年人社区护理服务情况较好，排名前五位的老年人社区护理服务项目为定期体检、营养饮食指导、合理运动锻炼指导、健康咨询、行为安全指导，但是仍有 50% 以上社区护理人员未提供免疫接种护理指导、心理咨询、家庭访视、家庭病床服务等服务项目	定期体检、营养与饮食指导、运动锻炼指导、健康咨询、行为与安全、免疫接种护理指导、心理咨询、家庭访视、家庭病床服务
9	人群包括社区、养老院、住院及门诊老人、百岁老人、退休老年干部及特殊病种老年人等，老年护理健康评估一般包括身体健康评估、心理健康评估和社会健康评估 3 个维度的不同指标	健康评估

表 3-4 文献分析提取的社区养老服务项目频次表

序号	服务项目	频次	序号	服务项目	频次
1	营养与饮食指导	63	28	家庭访视	20
2	康复护理	62	29	正确排尿排便指导	17
3	心理指导	57	30	传染病预防宣教	17
4	心理护理	55	31	精神疾病护理	17
5	用药安全指导	54	32	上门基础护理	15
6	健康监测（血压、血糖等）	51	33	社区义诊护理	14
7	环境卫生	47	34	康复指导	14
8	建立健康档案	47	35	协助双向转诊及会诊	12
9	定期体检	43	36	安全用药护理	12
10	慢性疾病预防宣教	42	37	协助社区卫生诊断	11
11	临终护理	41	38	家庭及自我卫生指导	10
12	运动锻炼指导	40	39	中医护理	10
13	定期随访	39	40	精神疾病健康管理	9
14	行为与安全	35	41	双向转诊	9
15	一般疾病护理	35	42	心理咨询	7
16	健康咨询	33	43	中医养生保健	7
17	老年保健	32	44	热线电话健康咨询	6
18	健康评估	32	45	残疾人健康管理	6
19	就诊复诊指导	32	46	老年生活照料	6
20	健康知识宣教	30	47	家庭急救知识指导	5
21	社区急救护理	29	48	保健用品使用指导	5
22	老年常见慢性疾病护理	27	49	仪器使用指导（血压器、血糖仪等）	5
23	预防接种	26	50	控制体重指导	5
24	家庭病床服务	26	51	常见病预防	5
25	睡眠与休息指导	25	52	随访病原携带者与接触者	5
26	传染病护理	24	53	灾害护理	5
27	健康信息动态管理	22	54	连续护理	5

三、基于文献分析的养老服务项目指标体系

借鉴拉菲利健康促进模式所划分的 5 个维度（健康促进、疾病预防、疾病护理、生活照料、精神慰藉）及下属二级指标，对收集到的老年医养结合养老服务项目指标进行梳理，把具有共同属性的指标进行归类、合并，对指标归类有歧义的，进行专家咨询，结合专家意见进行归类。最终归类结果如表 3–5 所示。

表 3–5　文献分析提取的社区养老服务项目指标归类结果

<table>
<tr><th>一级指标</th><th>二级指标</th><th>序号</th><th>三级指标</th><th>频次</th><th>频次合计</th></tr>
<tr><td rowspan="17">健康促进</td><td rowspan="7">基本知识和理念</td><td>A1</td><td>健康咨询</td><td>33</td><td rowspan="7">239</td></tr>
<tr><td>A2</td><td>心理咨询及指导</td><td>64</td></tr>
<tr><td>A3</td><td>热线电话健康咨询</td><td>6</td></tr>
<tr><td>A4</td><td>健康知识宣教</td><td>30</td></tr>
<tr><td>A5</td><td>环境卫生</td><td>47</td></tr>
<tr><td>A6</td><td>用药安全指导</td><td>54</td></tr>
<tr><td>A7</td><td>保健用品使用指导</td><td>5</td></tr>
<tr><td rowspan="7">健康生活方式与行为</td><td>A8</td><td>营养与饮食指导</td><td>63</td><td rowspan="7">190</td></tr>
<tr><td>A9</td><td>运动锻炼指导</td><td>40</td></tr>
<tr><td>A10</td><td>睡眠与休息指导</td><td>25</td></tr>
<tr><td>A11</td><td>行为与安全</td><td>35</td></tr>
<tr><td>A12</td><td>家庭及自我卫生指导</td><td>5</td></tr>
<tr><td>A13</td><td>控制体重指导</td><td>5</td></tr>
<tr><td>A14</td><td>正确排尿排便指导</td><td>17</td></tr>
<tr><td rowspan="3">基本技能</td><td>A15</td><td>老年保健（中医养生保健等）</td><td>39</td><td rowspan="3">49</td></tr>
<tr><td>A16</td><td>家庭急救知识指导</td><td>5</td></tr>
<tr><td>A17</td><td>仪器使用指导（血压器、血糖仪等）</td><td>5</td></tr>
</table>

续表

一级指标	二级指标	序号	三级指标	频次	频次合计
疾病预防	早发现和早诊断	B1	建立健康档案	47	267
		B2	健康信息动态管理	22	
		B3	定期体检	43	
		B4	健康评估	32	
		B5	健康监测（血压、血糖等）	51	
		B6	随访病原携带者与接触者	5	
		B7	协助社区卫生诊断	11	
		B8	社区义诊护理	14	
		B9	慢性疾病预防宣教	42	
	早治疗	B10	传染病预防宣教	17	107
		B11	预防接种	26	
		B12	定期家庭访视	59	
		B13	常见病预防	5	
疾病护理	一般护理	C1	就诊复诊指导	32	79
		C2	一般疾病护理	35	
		C3	安全用药护理	12	
	长期护理	C4	老年常见慢性疾病护理	27	27
	特殊护理	C5	心理护理	55	312
		C6	精神疾病护理	17	
		C7	精神疾病患者健康管理	9	
		C8	传染病护理	24	
		C9	康复护理	62	
		C10	残疾人健康管理	6	
		C11	临终护理	41	
		C12	社区急救护理	29	
		C13	灾害护理	5	
		C14	上门基础护理	15	
		C15	协助双向转诊及会诊	12	
		C16	家庭病床服务	26	
		C17	连续护理	5	
		C18	老年生活照料	6	
	特色护理	C19	中医护理	10	10

续表

一级指标	二级指标	序号	三级指标	频次	频次合计
生活照料	基本知识和护理理念	D1	衣着服务	10	95
		D2	修饰服务	15	
		D3	饮食服务	15	
		D4	如厕服务	11	
		D5	口腔清洁服务	8	
		D6	皮肤清洁服务	8	
		D7	压疮预防	13	
		D8	便溺护理	15	
精神慰藉	基本项目	E1	设立心理健康服务室	28	129
		E2	建立心理健康档案	23	
		E3	心理健康知识宣教活动	22	
		E4	心理咨询服务	16	
		E5	团体互动活动	12	
		E6	心理疾病的筛查	6	
		E7	心理危机干预	8	
		E8	心理治疗	14	

第三节　基于社区深入访谈提取老年人社区养老服务项目指标

深度访谈（In-depth Interview）是指拥有专门访问技巧的访问员对一个符合特定条件的访问对象，使用非结构式的方法进行个人对话式访问，以揭示潜隐的关于特定行为、动机、目的、态度、感受的报告并发现其内在的关联关系。深度访谈具备解读受访者行为含义的强有力的作用（朱庆，2022）。深度访谈使得研究者有机会认识、了解当事人的经验、观察和体会，也有机会听到当事人对自己经验的解释（如求职就业及其经验和解释），了解当事人的世界观，对周遭的人、事、物的看法以及与周遭人、事、物的关系。深入访谈是一种无结构的、直接的、一对一的访问形式，具有一般访谈难以达到的深入性和精确性，是社会科学领域常用的一种定性研究方法。本研究拟通过对管理人员和社区护理人员进行深入访谈，了解老年社区护理开展了哪些项目及开展现状，以便完善失能老年人医养结合养老服务体系。

一、访谈对象来源和选取标准

按照经济发展水平随机抽取 3 个市，每个市随机抽取 2 所综合医院和 2 个社区卫生服务中心，每个卫生机构抽取 1~2 名管理人员和 1~2 名社区护理人员，共抽取 40 人。于 2020 年 9 月由 10 位访问员，每两人一组进行半结构化深入访谈。

访谈对象及选取标准：①机构管理者。选取医院或者社区卫生服务中心主任或副主任作为访谈对象。纳入标准：从事工作 1 年以上，愿意接受访谈者。排除标准：不愿接受访谈者。②护理人员。由各医院和社区卫生服务中心管理人员推荐老年健康护理服务工作经验丰富的护理人员。纳入标准：参与老年健康服务工作 3 年以上的在岗护理人员，取得护理人员资格证书且知情同意者。排除标准：调查期间由于产假、病假等原因未在岗的护理人员，正在进行见习或实习的护理人员。

二、基本情况

（一）机构基本情况

调查的 12 所医疗机构承办主体性质主要分为卫生部门所属、企事业单位所属、公立医院举办、社会力量举办 4 种形式，其中卫生部门所属 4 所、企事业单位所属 3 所、公立医院举办 3 所、社会力量举办 2 所，如表 3–6 所示。

表 3-6　调查的综合医院和社区卫生服务中心（站）基本情况

地区	卫生部门所属	企事业单位所属	公立医院举办	社会力量举办	合计
威海	2	0	1	1	4
潍坊	2	2	0	0	4
济宁	0	1	2	1	4
合计	4	3	3	2	12

（二）受访者基本情况

共随机抽取 12 所卫生服务机构的 40 人作为访谈对象，受访人员人口社会学特征如表 3-7 所示。

表 3-7　受访人员基本情况

变量	组别	人数（人）	构成比（%）
性别	男性	7	17.5
	女性	33	82.5
年龄	25～34 岁	12	30
	35～44 岁	16	40
	≥ 45 岁	12	30
职称	初级	9	22.5
	中级	20	50
	高级	11	27.5
文化程度	中专	10	25
	大专	18	45
	本科及以上	12	30
社区工作年限	3～5 年	21	52.5
	6～8 年	6	15
	9 年以上	13	32.5

（三）访谈内容

访谈前将访谈提纲通过电子邮件的方式提前告知访谈对象，并约定访谈的具体时间，经知情同意对访谈进行录音，每次访谈时间大约为30分钟。访谈的内容包括：①在日常工作中，开展了哪些老年照护服务项目？②开展这些照护服务项目都遇到了哪些困难？请举例说明。③您认为哪些分级照护服务项目不适合在社区开展？④本社区是否为老年人提供家庭病床、上门医护服务？请举例说明提供的具体服务内容。⑤您觉得社区护理人员数量够不够？能否承担现有的工作量？

（四）访谈记录

按照事先制定好的筛选标准，由这10位访谈人员根据访谈记录和录音，以关键词为单位提取老年照护服务项目指标（见表3–8），并将指标提取结果录入Excel，构建项目指标频次表，共计58个项目指标，删除频次低于2次的指标，剩余44个项目指标（见表3–9）。

表3–8　社区深入访谈初步提取的社区养老服务项目（示例）

序号	社区养老服务项目	语音描述
1	健康知识宣传教育 定期体检	社区老年人不大配合，我们下去做讲座或者是干别的什么，都是按时去。就像体检，我都是提前两天打电话通知社区老年人按时去，但是有些老人就是不来
2	营养与饮食 运动锻炼 仪器使用指导	我们在做健康宣传教育时，会讲一些营养、饮食、运动锻炼、仪器使用指导等方面的知识，也有一些老年人来这咨询，我们就给他讲讲
3	建立健康档案	现在的人防范意识强了，有时候去他们家都不让进，刚开始建档的时候都是让社区服务人员（居委会）带着，他们还熟；要不然就是时间长了，了解了，他们就建了。现在建档的时候忙不过来，缺人

续表

序号	社区养老服务项目	语音描述
4	社区紧急救护	急救护理的仪器设备我们都有，能进行急救，每年都会有一些来社区寻求帮助的，但大多数病人都是直接打 120 去医院
5	家庭病床服务	我们家庭病床的资质已经审批下来，但是目前开展得并不多。疾病必须达到一定的程度，要有严格的诊断标准、准入标准，不是所有人都能享受这一服务，目前这个标准还没有出来，我们也不好开展工作
6	双向转诊	双向转诊我们开展了，有定点的合作医院，病人不便时我们可以代为联系，但从上级医院往下转的不常有
7	精神疾病护理	比如说精神疾病护理，一般都去精神病院了，有时候会有一些人来社区拿药
8	定期家庭访视	老年人随访每年至少一次，有慢性疾病的老年人 1 年至少做 4 次
9	临终护理、巡护	临终护理我们这也有，就一个，平常就是巡护，问一下老年人的健康状况，有需要的时候去为老人输液、导尿等，只是做一些简单的基础护理
10	中医技术护理	中医护理目前开展得很好，针灸、刮痧、推拿这边都能做

表 3-9　社区深入访谈提取的社区养老服务项目频次表

序号	护理服务项目	频次	序号	护理服务项目	频次
1	建立健康档案	40	23	家庭病床服务	30
2	定期体检	40	24	康复指导	30
3	健康知识宣教	40	25	残疾人健康管理	30
4	用药安全指导	40	26	热线电话健康咨询	29
5	常见慢性疾病护理	40	27	自我保健护理指导	29
6	皮下、肌内注射	40	28	生命体征和病情观察	28
7	慢性疾病健康管理	38	29	压疮护理	28
8	营养与饮食指导	38	30	上门基础护理	28

续表

序号	护理服务项目	频次	序号	护理服务项目	频次
9	心理指导	37	31	眼病预防	28
10	心理支持	37	32	口腔卫生	28
11	血压、血糖等监测	37	33	居家护理访视	27
12	巡护	36	34	中医护理	27
13	健康评估	36	35	家庭急救知识指导	26
14	常规检查	35	36	康复护理	26
15	双向转诊	35	37	中医养生保健指导	24
16	运动锻炼指导	32	38	精神疾病健康管理	24
17	行为与安全	32	39	传染病预防宣教	24
18	保健用品使用指导	32	40	社区急救护理	24
19	控制体重指导	30	41	临终关怀	20
20	仪器使用指导	30	42	连续护理	18
21	健康咨询	30	43	定期电话通知体检服务	18
22	睡眠与休息指导	30	44	生活方式指导	18

（五）社区深入访谈提取的社区养老服务项目指标归类结果

采用专题小组讨论方式对指标进行归类，结合健康促进模式（健康促进、疾病预防、疾病护理、生活照料、精神慰藉），对具有共同属性的指标进行归类、合并。最终基于社区深入访谈提取的社区养老服务项目指标的归类结果，如表 3–10 所示。

表 3–10　社区深入访谈提取的社区养老服务项目指标归类结果

一级指标	二级指标	三级指标	频次	频次合计
健康促进	基本知识和理念	健康咨询	30	70
		健康知识宣教	40	
	健康生活方式与行为	营养与饮食指导	38	241
		运动锻炼指导	32	
		睡眠与休息指导	30	
		行为与安全	32	
		控制体重指导	30	

续表

一级指标	二级指标	三级指标	频次	频次合计
健康促进	健康生活方式与行为	保健用品使用指导	32	241
		生活方式指导	18	
		热线电话健康咨询	29	
	基本技能	家庭急救知识指导	26	108
		中医养生保健指导	24	
		仪器使用指导	30	
		口腔卫生	28	
疾病预防	早发现和早诊断	建立健康档案	40	195
		定期体检	40	
		血压、血糖等监测	37	
		巡护	36	
		定期电话通知体检服务	18	
		传染病预防宣教	24	
	早治疗	眼病预防	28	102
		心理指导	37	
		心理支持	37	
疾病护理	一般护理	健康评估	36	179
		生命体征和病情观察	28	
		常规检查	35	
		用药安全指导	40	
		皮下、肌内注射	40	
	长期护理	常见慢性疾病护理	40	78
		慢性疾病健康管理	38	
	特殊护理	精神疾病健康管理	24	349
		残疾人健康管理	30	
		康复指导	30	
		康复护理	26	
		临终关怀	20	
		社区急救护理	24	
		居家护理访视	27	
		压疮护理	28	

续表

一级指标	二级指标	三级指标	频次	频次合计
疾病护理	特殊护理	上门基础护理	28	349
		家庭病床服务	30	
		自我保健护理指导	29	
		连续护理	18	
		双向转诊	35	
	特色护理	中医护理	27	27
生活照料	基本知识和服务理念	衣着服务	10	76
		修饰服务	12	
		饮食服务	15	
		如厕服务	8	
		口腔清洁服务	6	
		皮肤清洁服务	6	
		压疮预防	11	
		便溺护理	8	
精神慰藉	基本项目	设立心理健康服务室	18	102
		建立心理健康档案	21	
		心理健康知识宣教活动	24	
		心理咨询服务	11	
		团体互动活动	12	
		心理疾病的筛查	5	
		心理危机干预	5	
		心理治疗	6	

第四节　专家咨询层面老年人社区养老服务项目集合研究

专家咨询法也称为专家调查法、专家评价法，是采用背对背的通信方式征询专家小组成员的预测意见，经过几轮征询，使专家小组的预测意见趋于集中，最后做出符合市场未来发展趋势的预测结论的一种研究方法（邓永志，2021）。本研究先是在概念模型分析、政策文件内容分析、文献分析和社区深入访谈的基础上形成城市社区养老服务适宜项目初级指标体系（见表 3−11），然后采用专家会议法，邀请两位专家：一位来自医院，具有老年社区照护经历；另一位来自高校，对老年社区护理有一定的研究。依据所建立的城市社区养老服务功能业务模型，逐条分析上述按照政策文件内容分析、文献分析和社区深入访谈所提取的指标，对具有共同属性、表述不一的指标进行归类、合并，保留对接功能项（职能域）项目下分解到业务活动的条目，初步形成城市社区养老服务适宜项目指标框架，包括 5 个一级指标、52 个二级指标。

按项目服务的过程可将城市社区养老服务适宜项目划分为健康促进服务项目、疾病预防服务项目和疾病护理服务项目，按项目服务的形式可将其划分为疾病护理、生活照料、精神慰藉层面的照护服务项目，共 52 项适宜服务项目，如表 3−11 所示。

表 3−11　城市社区养老服务适宜项目初级指标体系

健康促进服务（14 项）	疾病预防服务（9 项）	疾病护理服务（12 项）	生活照料服务（9 项）	精神慰藉服务（8 项）
营养饮食指导	预防接种	一般疾病护理	个人清洁卫生服务	设立心理健康服务室
合理运动锻炼指导	定期体检	老年常见慢性疾病护理	衣着服务	建立心理健康档案
睡眠和休息指导	随访病原携带者和接触者	传染病护理指导	修饰服务	心理健康知识宣教活动
控制体重指导	传染病预防宣教	精神病护理	饮食服务	心理咨询服务
正常排尿与排便指导	健康监测指导	上门基础护理	如厕服务	团体互动活动

续表

健康促进服务（14 项）	疾病预防服务（9 项）	疾病护理服务（12 项）	生活照料服务（9 项）	精神慰藉服务（8 项）
建立健康档案	健康信息动态管理	家庭病床服务	口腔清洁服务	心理疾病的筛查
健康知识宣教	社区义诊护理	安全用药指导	皮肤清洁服务	心理危机干预
家庭及自我卫生知识指导	协助社区卫生诊断	心理护理和指导	压疮预防	心理治疗
环境卫生指导	慢性疾病预防宣教	康复护理和指导	便溺护理	
合理使用保健用品指导		定期随访		
行为安全知识指导		临终护理		
热线电话健康咨询		心理护理		
中医养生保健指导				
仪器使用指导				

一、专家基本情况

依据权威性、代表性和专业领域分布的原则，考虑到专家数量与咨询实际操作难易之间的平衡，本研究共遴选了 25 位专家学者，经过两轮专家咨询，最终只有 20 位专家积极应答。他们分别工作在与养老服务相关的科研、教学、行政管理以及临床与保健领域，年龄集中在 30～59 岁，占总调查专家数的 90%；工作年限最低为 8 年，最高为 40 年，平均 18.26 年。其中从事其主要专业（第一专业）达到 15 年以上的占 65%；具有副高职称以上的专家占 80%，具有硕士以上学位的占 70%；在所有参加调查的专家中，表示对评价指标很熟悉的有 4 人（20%），熟悉的有 14 人（70%），比较熟悉的有 2 人（10%），没有人表示不熟悉。咨询专家的基本情况，如表 3–12 所示。

表 3-12　咨询专家的基本情况

项目		人数	百分比（%）
职称	无	3	15
	中级	1	5
	副高	8	40
	正高	8	40
年龄	＜30 岁	1	5
	30～39 岁	7	35
	40～49 岁	8	40
	50～59 岁	3	15
	⩾ 60 岁	1	5
文化程度	大专生	1	5
	本科生	5	25
	硕士研究生	5	25
	博士研究生	9	45
工作年限	15 年以下	7	35
	15～25 年	8	40
	25 年以上	5	25
担任的工作	行政管理	6	30
	教学科研	5	25
	临床或公共卫生服务	9	45
主要专业领域	公共卫生	9	45
	社会医学	1	5
	社区养老服务	7	35
	流行病与卫生统计	3	15
对养老服务的熟悉程度	很熟悉	4	20
	熟悉	14	70
	较熟悉	2	10

二、专家的积极程度

专家的积极程度反映出专家对本研究的兴趣和关心程度，通常以专家积极系数（问卷有效回收率）、咨询表反馈时间和提出意见的专家比例来体现。艾尔·巴比认为，问卷有效回收率可用来分析专家的积极程度，问卷回收的最小比例为 50%，达到 70% 以上说明回收率高，但相对不易。专家积极系数计算公式如下。

$$专家积极系数=\frac{咨询表有效回收份数}{咨询表发出总份数}\times 100\%$$

就专家积极系数而言，课题组第一轮发出专家咨询表 25 份，获得有效咨询表 20 份，应答率均为 80%。第二轮发出专家咨询表 25 份，获得有效咨询表 25 份，应答率均为 100%。就专家咨询表反馈时间而言，第一轮咨询反馈时间为 5.43 ± 1.23 天，第二轮咨询反馈时间为 6.89 ± 1.47 天，两轮反馈时间无差异（χ^2=33.74，P>0.05）。就专家提出建议而言，两轮完成结构化咨询表打分均为 100%，其中第一轮咨询提出修改意见和建议的专家占 75%（15/20），第二轮咨询提出修改意见和建议的专家占 28%（7/25）。

三、专家咨询结果

根据初步确定的指标体系框架设计专家咨询表，联系拟定专家组成员，发出第一轮咨询表。共发出咨询表 25 份，回收有效咨询表 20 份，应答率为 80%。根据第一轮咨询结果调整问卷，发出第二轮咨询表 25 份，获得有效咨询表 25 份，应答率为 100%。

（一）专家对各指标评价的权威程度

专家对各指标评价的权威程度用专家权威系数（*Cr*）来表示，由指标判断依据系数 *Ca*（对指标做出判断的依据和影响程度的大小）和指标熟悉程度系数 *Cs*（对本研究领域的熟悉程度）两个因素决定，$Cr=(Ca+Cs)/2$。为便于计算，判断依据和熟悉程度均设为 1~3 分，其中判断依据包括：理论分析，实践经验，对国内外情况的了解或参考国内外资料，个人直观感。

就专家对各指标的熟悉程度而言，20 位专家对 52 个指标的熟悉程度都比较高（见表 3–13）。熟悉程度系数最低为 0.78，其中低于 0.80 的有 4 个，依次为：社区义诊护理、临终护理、如厕服务、心理疾病的筛查。熟悉程度系数最高为 0.98，其中高于 0.95 有 6 个，依次为：合理运动锻炼指导、预防接种、定期体检、一般疾病护理、老年常见慢性疾病护理、传染病护理指导。

就专家对各指标的判断依据而言，判断依据系数取决于 4 个影响方面（见表 3–14），各指标判断依据系数最低为 0.71，其中小于等于 0.75 的有 3 个，依次为：合理使用保健用品指导、精神病护理、临终护理；判断依据系数最高为 0.89，其中高于 0.85 的有 6 个，分别为：合理运动锻炼指导、老年常见慢性疾病护理、个人清洁卫生服务、修饰服务、设立心理健康服务室、心理健康知识宣教活动。

就专家对各指标权威程度而言，各指标权威系数均在 0.75 以上，其中低于 0.80 的有 8 个，依次为：环境卫生指导、合理使用保健用品指导、健康信息动态管理、社区义诊护理、上门基础护理、临终护理、如厕服务、心理疾病的筛查。

表 3-13　第二轮专家咨询各指标权威系数得分

编码	指标名称	熟悉程度系数	判断依据系数	权威系数
1	健康促进（14）			
1.1	营养饮食指导	0.94	0.82	0.88
1.2	合理运动锻炼指导	0.96	0.87	0.91
1.3	睡眠和休息指导	0.93	0.81	0.87
1.4	控制体重指导	0.93	0.84	0.89
1.5	正常排尿与排便指导	0.91	0.81	0.86
1.6	建立健康档案	0.94	0.85	0.90
1.7	健康知识宣教	0.86	0.80	0.83
1.8	家庭及自我卫生知识指导	0.89	0.82	0.85
1.9	环境卫生指导	0.82	0.77	0.79
1.10	合理使用保健用品指导	0.84	0.71	0.78
1.11	行为安全知识指导	0.89	0.81	0.85
1.12	热线电话健康咨询	0.84	0.85	0.85
1.13	中医养生保健指导	0.86	0.84	0.85
1.14	仪器使用指导	0.83	0.79	0.81
2	疾病预防（9）			
2.1	预防接种	0.96	0.81	0.88
2.2	定期体检	0.97	0.85	0.91
2.3	随访病原携带者和接触者	0.94	0.83	0.89
2.4	传染病预防宣教	0.84	0.79	0.82
2.5	健康监测指导	0.88	0.79	0.83
2.6	健康信息动态管理	0.82	0.76	0.79
2.7	社区义诊护理	0.78	0.77	0.78
2.8	协助社区卫生诊断	0.89	0.79	0.84
2.9	慢性疾病预防宣教	0.87	0.79	0.83
3	疾病护理（12）			
3.1	一般疾病护理	0.96	0.83	0.89
3.2	老年常见慢性疾病护理	0.98	0.89	0.93

续表

编码	指标名称	熟悉程度系数	判断依据系数	权威系数
3.3	传染病护理指导	0.97	0.85	0.91
3.4	精神病护理	0.86	0.75	0.80
3.5	上门基础护理	0.81	0.76	0.79
3.6	家庭病床服务	0.82	0.79	0.81
3.7	安全用药指导	0.84	0.78	0.81
3.8	心理护理和指导	0.90	0.81	0.85
3.9	康复护理和指导	0.88	0.78	0.83
3.10	定期随访	0.82	0.77	0.80
3.11	临终护理	0.78	0.75	0.77
3.12	心理护理	0.89	0.79	0.84
4	生活照料（9）			
4.1	个人清洁卫生服务	0.88	0.86	0.87
4.2	衣着服务	0.86	0.83	0.84
4.3	修饰服务	0.87	0.86	0.86
4.4	饮食服务	0.91	0.84	0.88
4.5	如厕服务	0.79	0.77	0.78
4.6	口腔清洁服务	0.84	0.85	0.85
4.7	皮肤清洁服务	0.86	0.84	0.85
4.8	压疮预防	0.83	0.79	0.81
4.9	便溺护理	0.92	0.84	0.88
5	精神慰藉（8）			
5.1	设立心理健康服务室	0.88	0.86	0.87
5.2	建立心理健康档案	0.86	0.83	0.84
5.3	心理健康知识宣教活动	0.87	0.86	0.86
5.4	心理咨询服务	0.91	0.84	0.88
5.5	心理疾病的筛查	0.79	0.77	0.78
5.6	团体互动活动	0.86	0.84	0.85
5.7	心理危机干预	0.83	0.79	0.81

续表

编码	指标名称	熟悉程度系数	判断依据系数	权威系数
5.8	心理治疗	0.92	0.84	0.88

表 3-14 第二轮专家咨询判断依据 4 个影响方面的得分

编码	指标名称	判断依据			
		实践经验	理论分析	国内外了解	个人直观感
1	健康促进（14）				
1.1	营养饮食指导	0.92	0.84	0.77	0.74
1.2	合理运动锻炼指导	0.94	0.91	0.90	0.71
1.3	睡眠和休息指导	0.90	0.87	0.84	0.64
1.4	控制体重指导	0.93	0.89	0.88	0.66
1.5	正常排尿与排便指导	0.90	0.87	0.83	0.66
1.6	建立健康档案	0.92	0.90	0.84	0.72
1.7	健康知识宣教	0.88	0.89	0.78	0.64
1.8	家庭及自我卫生知识指导	0.90	0.86	0.82	0.70
1.9	环境卫生指导	0.84	0.80	0.74	0.68
1.10	合理使用保健用品指导	0.79	0.74	0.73	0.59
1.11	行为安全知识指导	0.89	0.84	0.76	0.76
1.12	热线电话健康咨询	0.91	0.87	0.84	0.77
1.13	中医养生保健指导	0.81	0.94	0.92	0.69
1.14	仪器使用指导	0.88	0.83	0.80	0.63
2	疾病预防（9）				
2.1	预防接种	0.97	0.84	0.79	0.77
2.2	定期体检	0.91	0.87	0.80	0.64
2.3	随访病原携带者和接触者	0.96	0.90	0.83	0.70
2.4	传染病预防宣教	0.92	0.88	0.82	0.69
2.5	健康监测指导	0.86	0.84	0.80	0.67

续表

编码	指标名称	判断依据			
		实践经验	理论分析	国内外了解	个人直观感
2.6	健康信息动态管理	0.87	0.84	0.80	0.63
2.7	社区义诊护理	0.84	0.80	0.74	0.64
2.8	协助社区卫生诊断	0.83	0.83	0.76	0.67
2.9	慢性疾病预防宣教	0.89	0.84	0.73	0.71
3	疾病护理（12）				
3.1	一般疾病护理	0.91	0.88	0.84	0.69
3.2	老年常见慢性疾病护理	0.97	0.92	0.89	0.79
3.3	传染病护理指导	0.93	0.90	0.87	0.69
3.4	精神病护理	0.81	0.84	0.76	0.60
3.5	上门基础护理	0.80	0.89	0.76	0.61
3.6	家庭病床服务	0.84	0.90	0.78	0.63
3.7	安全用药指导	0.87	0.79	0.81	0.67
3.8	心理护理和指导	0.82	0.89	0.82	0.69
3.9	康复护理和指导	0.82	0.90	0.77	0.63
3.10	定期随访	0.78	0.80	0.76	0.74
3.11	临终护理	0.78	0.82	0.72	0.69
3.12	心理护理	0.93	0.90	0.83	0.76
4	生活照料（8）				
4.1	个人清洁卫生服务	0.91	0.87	0.80	0.72
4.2	衣着服务	0.92	0.89	0.86	0.76
4.3	修饰服务	0.91	0.87	0.76	0.74
4.4	饮食服务	0.92	0.83	0.84	0.69
4.5	如厕服务	0.80	0.89	0.76	0.61
4.6	口腔清洁服务	0.85	0.90	0.88	0.63
4.7	皮肤清洁服务	0.87	0.79	0.81	0.67
4.8	压疮预防	0.82	0.89	0.82	0.69
5	精神慰藉（8）				

续表

编码	指标名称	判断依据			
		实践经验	理论分析	国内外了解	个人直观感
5.1	设立心理健康服务室	0.93	0.90	0.87	0.69
5.2	建立心理健康档案	0.86	0.84	0.86	0.60
5.3	心理健康知识宣教活动	0.85	0.89	0.85	0.71
5.4	心理咨询服务	0.87	0.90	0.83	0.70
5.5	心理疾病的筛查	0.84	0.79	0.81	0.67
5.6	团体互动活动	0.81	0.89	0.82	0.69
5.7	心理危机干预	0.78	0.80	0.76	0.74
5.8	心理治疗	0.78	0.82	0.72	0.69

（二）指标筛选

根据专家打分，采用数理筛选法并结合专家访谈和专题小组讨论共同确定需要保留、删除和调整的指标。使用数理筛选法的依据为重要性均值和变异系数。当指标的重要性均值＞4 或变异系数＜0.25 时，保留该指标；当指标的重要性均值＜4 且变异系数＞0.25 时，删除该指标；其余情况结合专家访谈和专题小组讨论，从该指标的概念、特征、主要内容、适用范围出发，具体分析该指标的合理性及所属领域、对整个指标体系的贡献、指标之间的重叠性及独特性、指标对促进老年人健康的意义等。

在初步制定指标体系时考虑到社区养老服务的发展进程及指标的可操作性，经过两轮咨询，各项指标的可操作性分值均在 3 分以上，说明各指标可操作性均较强。

在第二轮中，根据重要性得分与变异系数两个因素决定指标的取舍，根据专家意见增加指标，结果如表 3–15 所示。

表 3-15　第二轮专家咨询各指标重要性和可操作性得分

编码	指标名称	指标重要性			指标可操作性		
		均值	标准差	变异系数	均值	标准差	变异系数
1	健康促进（14）						
1.1	营养饮食指导	4.60	0.932	0.20	4.50	0.630	0.14
1.2	合理运动锻炼指导	4.80	0.551	0.11	4.57	0.626	0.14
1.3	睡眠和休息指导	4.73	0.583	0.12	4.33	0.802	0.19
1.4	控制体重指导	4.73	0.583	0.12	4.47	0.629	0.14
1.5	正常排尿与排便指导	4.53	0.819	0.18	4.53	0.629	0.14
1.6	建立健康档案	4.80	0.551	0.11	4.40	0.770	0.18
1.7	健康知识宣教	4.40	0.894	0.20	4.37	0.890	0.20
1.8	家庭及自我卫生知识指导	4.57	0.728	0.16	4.20	0.847	0.20
1.9	环境卫生指导	4.37	0.890	0.20	4.00	0.871	0.22
1.10	合理使用保健用品指导	4.60	0.551	0.12	4.23	0.858	0.20
1.11	行为安全知识指导	3.20	0.714	0.22	4.23	0.817	0.19
1.12	热线电话健康咨询	4.40	0.894	0.20	3.87	0.776	0.20
1.13	中医养生保健指导	337	0.890	0.26	4.00	0.871	0.22
1.14	仪器使用指导	2.90	0.862	0.29	4.23	0.858	0.20
2	疾病预防（9）						
2.1	预防接种	4.87	0.507	0.10	4.07	0.868	0.21
2.2	定期体检	4.13	0.937	0.23	4.13	0.730	0.18
2.3	随访病原携带者和接触者	4.03	0.928	0.23	4.20	0.847	0.20
2.4	传染病预防宣教	4.77	0.626	0.13	4.17	0.791	0.19
2.5	健康监测指导	4.83	0.531	0.11	4.07	0.785	0.19
2.6	健康信息动态管理	4.53	0.819	0.18	4.33	0.758	0.18
2.7	社区义诊护理	4.73	0.691	0.15	4.10	0.759	0.19

续表

编码	指标名称	指标重要性			指标可操作性		
		均值	标准差	变异系数	均值	标准差	变异系数
2.8	协助社区卫生诊断	4.67	0.711	0.15	4.47	0.730	0.16
2.9	慢性疾病预防宣教	3.40	0.855	0.25	3.63	0.718	0.20
3	疾病护理（12）						
3.1	一般疾病护理	4.23	0.898	0.21	4.23	0.858	0.20
3.2	老年常见慢性疾病护理	4.50	0.861	0.19	4.30	0.702	0.16
3.3	传染病护理指导	4.43	0.858	0.19	4.40	0.770	0.18
3.4	精神病护理	4.73	0.583	0.12	4.17	0.531	0.13
3.5	上门基础护理	3.97	0.556	0.14	4.23	0.626	0.15
3.6	家庭病床服务	4.90	0.305	0.06	4.07	0.785	0.19
3.7	安全用药指导	3.50	0.938	0.27	3.60	0.894	0.25
3.8	心理护理和指导	4.10	0.96	0.23	3.43	0.817	0.24
3.9	康复护理和指导	4.13	0.937	0.23	3.53	0.730	0.21
3.10	定期随访	4.53	0.819	0.18	3.87	0.776	0.20
3.11	临终护理	4.47	0.973	0.22	3.70	0.750	0.20
3.12	心理护理	4.17	0.986	0.24	4.27	0.785	0.18
4	生活照料（8）						
4.1	个人清洁卫生服务	4.03	0.928	0.23	3.37	0.718	0.21
4.2	衣着服务	3.97	0.964	0.24	3.37	0.850	0.25
4.3	修饰服务	3.90	0.759	0.19	4.00	0.983	0.25
4.4	饮食服务	4.53	1.408	0.31	4.33	0.802	0.19
4.5	如厕服务	4.20	1.349	0.32	4.27	0.691	0.16
4.6	口腔清洁服务	3.93	0.740	0.19	4.10	0.803	0.20
4.7	皮肤清洁服务	4.43	0.858	0.19	4.40	0.770	0.18
4.8	压疮预防	4.07	0.980	0.24	3.77	0.817	0.22
5	精神慰藉（8）						
5.1	设立心理健康服务室	4.17	0.531	0.13	4.73	0.583	0.12

续表

编码	指标名称	指标重要性			指标可操作性		
		均值	标准差	变异系数	均值	标准差	变异系数
5.2	建立心理健康档案	4.23	0.626	0.15	3.97	0.556	0.14
5.3	心理健康知识宣教活动	4.07	0.785	0.19	4.90	0.305	0.06
5.4	心理咨询服务	3.60	0.894	0.25	3.50	0.938	0.27
5.5	心理疾病的筛查	3.43	0.817	0.24	4.10	0.96	0.23
5.6	团体互动活动	3.53	0.730	0.21	4.13	0.937	0.23
5.7	心理危机干预	4.10	0.759	0.19	4.73	0.691	0.15
5.8	心理治疗	4.47	0.730	0.16	4.67	0.711	0.15

（三）指标筛选结果

依据指标取舍规则和专家建议，删除 3 个指标，调整 1 个指标，新增 1 个指标，共保留 49 个指标，指标筛选结果如表 3–16 所示。

表 3–16　第二轮专家咨询指标筛选结果

编码	指标名称	结果
1	健康促进（15）	
1.1	营养饮食指导	保留
1.2	合理运动锻炼指导	保留
1.3	睡眠和休息指导	保留
1.4	控制体重指导	保留
1.5	正常排尿与排便指导	保留
1.6	建立健康档案	保留
1.7	健康知识宣教	保留
1.8	家庭及自我卫生知识指导	保留
1.9	环境卫生指导	保留
1.10	合理使用保健用品指导	保留

续表

编码	指标名称	结果
1.11	行为安全知识指导	保留
1.12	热线电话健康咨询	保留
1.13	中医养生保健指导	删除
1.14	仪器使用指导	删除
1.15	家庭急救技术和知识指导	新增
2	疾病预防（9）	
2.1	预防接种	保留
2.2	定期体检	保留
2.3	随访病原携带者和接触者	保留
2.4	传染病预防宣教	保留
2.5	健康监测指导	保留
2.6	健康信息动态管理	保留
2.7	社区义诊护理	保留
2.8	协助社区卫生诊断	保留
2.9	慢性疾病预防宣教	删除
3	疾病护理（12）	
3.1	一般疾病护理	保留
3.2	老年常见慢性疾病护理	保留
3.3	传染病护理指导	保留
3.4	精神病护理	保留
3.5	上门基础护理	保留
3.6	家庭病床服务	保留
3.7	安全用药指导	保留
3.8	心理护理和指导	保留
3.9	康复护理和指导	保留
3.10	定期随访	保留
3.11	临终护理	保留
3.12	心理护理	调整

续表

编码	指标名称	结果
4	生活照料（8）	
4.1	个人清洁卫生服务	保留
4.2	衣着服务	保留
4.3	修饰服务	保留
4.4	饮食服务	保留
4.5	如厕服务	保留
4.6	口腔清洁服务	保留
4.7	皮肤清洁服务	保留
4.8	压疮预防	保留
5	精神慰藉（8）	
5.1	设立心理健康服务室	保留
5.2	建立心理健康档案	保留
5.3	心理健康知识宣教活动	保留
5.4	心理咨询服务	保留
5.5	心理疾病的筛查	保留
5.6	团体互动活动	保留
5.7	心理危机干预	保留
5.8	心理治疗	保留

四、构建城市社区养老服务项目指标体系

经过两轮专家咨询，本研究最终建立城市社区养老服务项目指标体系，包含 5 个一级指标和 49 个二级指标。在两轮专家咨询过程中，根据专家意见对二级指标具体实施内容进行了修改、删除和增加，最终结果如表 3–17 所示。

表 3-17　城市社区养老服务适宜项目的内容

健康促进服务（13 项）	疾病预防服务（8 项）	疾病护理服务（11 项）	生活照料服务（9 项）	精神慰藉服务（8 项）
营养饮食指导	预防接种	一般疾病护理	个人清洁卫生服务	设立心理健康服务室
合理运动锻炼指导	定期体检	老年常见慢性疾病护理	衣着服务	建立心理健康档案
睡眠和休息指导	随访病原携带者和接触者	传染病护理指导	修饰服务	心理健康知识宣教活动
控制体重指导	传染病预防宣教	精神病护理	饮食服务	心理咨询服务
正常排尿与排便指导	健康监测指导	上门基础护理	如厕服务	团体互动活动
建立健康档案	健康信息动态管理	家庭病床服务	口腔清洁服务	心理疾病的筛查
健康知识宣教	社区义诊护理	安全用药指导	皮肤清洁服务	心理危机干预
家庭及自我卫生知识指导	协助社区卫生诊断	心理护理和指导	压疮预防	心理治疗
环境卫生指导		康复护理和指导	便溺护理	
合理使用保健用品指导		定期随访		
行为安全知识指导		临终护理		
热线电话健康咨询				
家庭急救技术和知识指导				

五、信度与效度评价

（一）信度分析

信度主要是指测量结果的可靠性、一致性和稳定性，即测验结果是否反映了被测者的稳定的、一贯性的真实特征。和信度相关的一个概念是效度，信度是效度的前提条件（黄天雯，2010）。信度只受随机误差的影响，随机误差越大，信度越低。信度评分方法主要有：①重测信度，即同一个量表在不同时间测量结果的一致性程度。如果一个物体今天称是 1 千克，但是明天称就成了 0.75 千克，就说明信度不高。②折半信度，即把测量项目用一定的方法分成两半，分别加以测量，得到结果的相关性。把 1 千克分为两个 0.5 千克的物质，如果分别测出来是 0.5 千克和 0.75 千克，说明折半信度有问题。③评定者信度，即不同的评定者使用相同工具进行测量，所得结果的一致程度。几个人用相同的称分别称量物体重量，如果全部都是或者接近 1 千克，说明评定者信度较高。④复本信度，即指多个测量工具之间的相关性。如果用这个牌子的工具称是 1 千克，用另一个相同牌子的工具称也是 1 千克，说明复本信度较高。⑤ α 信度系数法，即计算 Cronbach's α 系数，结果最好在 0.8 以上，0.7～0.8 可以接受。

本研究采用 α 信度系数法对问卷信度进行评价，评价结果如表 3−18 所示。5 个维度和总体信度的 Cronbach' α 系数均在 0.7 以上，说明调查问卷的信度较好。量表健康促进、疾病预防、疾病护理、生活照料、精神慰藉 5 个维度的重测信度（r）系数分别为 0.814、0.843、0.818、0.856、0.823，Cronbach's α 系数为 0.878、0.917、0.865、0.847、0.814，总维度系数为 0.846，Cronbach's α 系数为 0.862，问卷的结构信度与研究的设计初衷基本吻合。

表 3-18　指标体系内部一致性信度及重测信度

指标	Cronbach'α	r
健康促进	0.878	0.814
疾病预防	0.917	0.843
疾病护理	0.865	0.818
生活照料	0.847	0.856
精神慰藉	0.814	0.823
总体信度	0.862	0.846

（二）效度分析

效度（Validity）即有效性，是指测量工具或手段能够准确测出所需测量的事物的程度（杨茗，2014）。效度是指所测量到的结果反映所想要考察内容的程度，测量结果与要考察的内容越吻合，效度越高；反之，则效度越低（黄天雯，2010）。效度分为三种类型：表面效度、内容效度和结构效度。本研究采用因子分析法对调查表的结构效度进行评价。利用 SPSS 13.0 软件进行处理，运用主成分分析法，按照公共因子尽量少、贡献率大于 75%、特征值大于 1 的原则，一级指标提取 5 个公因子，分别将 5 个公因子命名为健康促进、疾病预防、疾病护理、生活照料、精神慰藉，其贡献率达到了 80.43 %，说明变量空间转化为因子空间时，因子分析效果较好，表明本次调查的方差解释率较高，问卷具有良好的结构效度，如表 3-19 所示。

表 3-19　因子累计变异系数

因子	初始特征值		
	贡献值	贡献率	累计贡献率
1	7.862	32.758	32.758
2	4.003	16.679	49.437
3	3.185	13.2707	62.708
4	3.028	12.61654	75.324
5	1.219	5.079116	80.403

第四章

城市社区养老服务需求及影响因素分析

中华人民共和国成立以来，人民的生活水平得到了显著提高，老年人对生活质量的要求也越来越高，如何全方位、多层次地为老年人提供养老服务项目是摆在我们面前的、迫切需要解决的问题。一方面，随着年龄的增加、身体机能的下降，老年人的慢性疾病发病率逐渐升高（肖瑾，2011），老年人的自理能力也会出现这样那样的问题（潘金洪，2012），对养老服务项目的需求程度也变得越来越大；另一方面，不同健康状况的老年人由于存在各方面的差异，对养老服务项目的需求也存在差异，不同患病状况、生活自理能力方面的差异较大（陈博文，2008）。总之，老年人的健康状况和健康需求等方面的特征决定了老年人对养老服务项目的需求状况。因此，在尊重老年人的养老意愿的前提下，如何在社区养老条件下满足老年人对不同层次的养老服务项目需求，已成为全民建成小康社会和构建养老服务体系的一个重要议题。

本研究以城市社区养老需求为导向，从老年人整体健康要求出发，分析老年人的养老服务需求，为全面评价老年人在社区养老条件下对养老服务项目的需求提供理论及实证依据，为从老年人社区养老服务需求出发提供适宜的社区养老服务提供参考依据。同时，本研究有利于完善社区养老服务体系，从需求出发优化适宜的社区养老服务，对提升城市老年人的生命质量具有重要的理论和现实意义。

第一节　老年人基本健康状况分析

一、老年人的基本情况

本研究共调查了3363名老年人，调查对象的人口社会学特征如表4-1所示。

（1）性别构成。男性1419名（42.2%），女性1944名（57.8%），性别比为1∶1.37，60岁以上的老年人口中，女性明显多于男性。

（2）年龄构成。调查的城市社区老年人年龄在60~95岁，平均年龄为（69.87±6.994）岁，其中60~64岁的老年人848人（25.2%），65~69岁的老年人918人（27.3%），70~74岁的老年人708人（21.1%），75~79岁的老年人538人（16.0%），≥80岁的老年人351人（10.4%），调查对象的年龄主要集中在60~70岁。

（3）职业构成。以退休前从事最久的职业为准，本次研究所调查的老年人中，事业单位工作者（机关、企事业单位管理者、专业技术人员）1211人（36.0%），企业工作者（一般办事人员、商业/服务业从业人员、非农户产业工人）898人（26.7%），个体工作者89人（2.6%），无业917人（27.3%），其他248人（7.4%），这与本研究的调查地区选择在城市有关。

（4）婚姻状况。有配偶的社区老年人2819人，占样本总数的83.8%，无配偶（未婚、离婚和丧偶）的老年人544人，其比例高达16.2%。

（5）文化程度。被调查老年人的文化程度偏低，小学及以下文化水平者占52.3%，初中文化水平者占27.5%，高中及以上文化水平者占20.2%，被调查者文化水平偏低应为调查对象是老年人的原因。

（6）医疗保险。参加职工基本医疗保险者1860人（55.3%），参加居民基本医疗保险者1357人（40.4%），参加商业保险者62人（1.8%），没参加者 84 人（2.5%）。绝大多数被调查者参加了医疗保险，这与老年人的退休前职业（工人、企事业管理者）有关，所在单位都提供相应的医疗保险。

（7）经济收入构成。社区老年人整体经济状况不错，年收入 <10000 元的老年人有 168 人（5.0%），年收入 10000~20000 元的老年人 935 人（27.8%），年收入 20001~30000 元的老年人 1019 人（30.3%），年收入 30001~40000 元的老年人 649 人（19.3%），年收入 > 40000 元的老年人 592 人（17.6%）。

表 4-1　城市社区老年人的一般情况

变量	组别	人数（人）	构成比（%）
性别	男	1419	42.2
	女	1944	57.8
年龄（岁）	60~64	848	25.2
	65~69	918	27.3
	70~74	708	21.1
	75~79	538	16.0
	≥ 80	351	10.4
职业	事业单位	1211	36.0
	企业	898	26.7
	个体	89	2.6
	无业	917	27.3
	其他	248	7.4
婚姻状况	有配偶	2819	83.8
	无配偶	544	16.2

续表

变量	组别	人数（人）	构成比（%）
文化程度	小学及以下	1758	52.3
	初中	925	27.5
	高中及以上	680	20.2
医疗保险	职工医保	1860	55.3
	居民医保	1357	40.4
	商业保险	62	1.8
	没参加	84	2.5
经济收入（元）	<10000	168	5.0
	10000～20000	935	27.8
	20001～30000	1019	30.3
	30001～40000	649	19.3
	>40000	592	17.6

二、老年人慢性疾病患病情况

本研究所调查的社区老年人中，经医生诊断患有慢性疾病的老年人2184人，无慢性疾病老年人1179名，老年人慢性疾病患病率64.9%。患有一种慢性疾病的老年人1249人（37.1%），患有两种慢性疾病的老年人666人（19.8%），患三种慢性疾病的老年人232人（6.9%），如表4–2所示。

表4–2　城市社区老年人慢性疾病患病情况分析

病种数	人数（人）	构成比（%）
0	1179	35.1
1	1249	37.1
2	666	19.8

续表

病种数	人数（人）	构成比（%）
3	232	6.9
4	35	1.0
5	2	0.1
总计	3363	100

本次调查老年人慢性疾病患病率最高的是高血压（39.6%），其余依次是糖尿病（15.8%）、关节炎（12.0%）、冠心病（11.0%）、其他疾病（7.7%）、其他心脏病（4.8%）、脑卒中（3.0%）、胃炎（3.0%）、慢性支气管炎（2.3%）、其他呼吸道疾病（0.5%），如表 4–3 所示。

表 4–3　城市社区老年人慢性疾病患病率排名

排名	慢性疾病类型	人数（人）	患病率（%）
1	高血压	1332	39.6
2	冠心病	371	11.0
3	其他心脏病	160	4.8
4	脑卒中	100	3.0
5	其他脑血管疾病	47	1.4
6	慢性支气管炎	76	2.3
7	肺气肿	11	0.3
8	其他呼吸道疾病	17	0.5
9	糖尿病	532	15.8
10	恶性肿瘤	12	0.4
11	胃炎	100	3.0
12	老年痴呆	11	0.3
13	关节炎	402	12.0
14	其他疾病	259	7.7

三、老年人就医可及性情况

由表 4–4 可以看出，所调查的社区老年人整体就医可及性很好，就医距离不足 1 千米的老年人 1963 名（58.4%），到达就诊医疗机构一般是 5～10 分钟的路程，方便了老年人就诊和咨询，缩短了就诊时间。

表 4–4　城市社区老年人就医可及性分布

变量	组别	人数（人）	构成比（%）
就医距离（千米）	＜1	1963	58.4
	≥ 1	1400	41.6
就医时间（分钟）	＜5	88	2.6
	5～10	2474	73.6
	＞10	801	23.8

四、老年人居住方式及子女情况

城市社区老年人居住方式调查显示，独居的老年人 419 人（12.5%），与配偶同住的老年人 2175 人（64.7%），与子女同住的老年人 315 人（9.4%），与配偶和子女同住的老年人 447 人（13.3%）。被调查老年人大多数有 2～3 个子女，子女是老年人日常生活的主要照顾者，如表 4–5 所示。

表 4–5　城市社区老年人居住方式及子女情况

变量	组别	人数（人）	构成比（%）
居住方式	独居	419	12.5
	与配偶同住	2175	64.7

续表

变量	组别	人数（人）	构成比（%）
居住方式	与子女同住	315	9.4
	与配偶和子女同住	447	13.3
子女个数（个）	0～1	708	21.1
	2～3	2206	65.6
	＞3	449	13.4

五、老年人生命质量情况

欧洲五维健康量表（EQ–5D）作为一种多维健康相关生存质量测量法在全世界范围内得到广泛应用，使用方便、简明易懂是其最大的特点。目前，中国、新加坡和马来西亚的 EQ–5D 官方中文版均已发布。中国和新加坡的 EQ–5D 中文版均已通过了信度和效度检验（Wang H，2005）。EQ–5D 英文版和中文版在测量结果上的等效性也已得到初步证明（Gao F，2008）。EQ–5D 由问卷和效用值换算表两部分组成。问卷调查结果可以用来描述人群的健康状况和获得 EQ–VAS 得分，使用效用值换算表则可进一步获得 EQ–5D 指数得分。

本部分采用欧洲五维健康量表（EQ–5D），通过调查老年人“行动能力”“自我照顾能力”“日常活动能力”“疼痛 / 不适”“焦虑 / 沮丧”5 个维度得分和自评健康得分来测量其生命质量情况。

（一）样本地区调查对象五维度测量情况

本次调查的 3363 名城市社区老年人中，51.2% 的老年人至少在一个健康维度存在问题。健康维度存在问题的比例由高到低依次是疼痛 / 不适（38.5%）、行动能力（21.0%）、焦虑 / 沮丧（18.6%）、日常活动能力（15.3%）、自我照顾能力（10.9%），如表 4–6 所示。

表 4-6　城市社区老年人生命质量五维度测量情况

项目	没有问题		存在中等程度问题		存在严重问题	
	人数（人）	构成比（%）	人数（人）	构成比（%）	人数（人）	构成比（%）
行动能力	2655	78.9	666	19.8	42	1.2
自我照顾能力	2994	89.0	324	9.6	45	1.3
日常活动能力	2850	84.7	470	14.0	43	1.3
疼痛 / 不适	2067	61.5	1249	37.1	47	1.4
焦虑 / 沮丧	2737	81.4	599	17.8	27	0.8

（二）VAS 评分及其分布情况

根据 VAS 评分结果显示，城市社区老年人的健康自评得分（VAS）的均值是（75.86±12.156）分，VAS 得分主要集中在 60~79 分段，如表 4-7 所示。

表 4-7　城市社区老年人 VAS 评分情况

VAS 评分（分）	人数（人）	构成比（%）
0~19	21	0.6
20~39	59	1.8
40~59	372	11.1
60~79	2329	69.3
80~100	582	17.3

（三）不同特征的老年人存在的健康问题比较

分析不同特征城市社区老年人在 5 个维度存在的健康问题统计数据发现，女性各维度存在问题的比例均比男性高；高年龄组老年人在行动能力、自我照顾能力、日常活动能力方面存在问题的比例高于低年龄组老年人，在疼痛 / 不适、焦虑 / 沮丧维度上低年龄组老年人存在问题的比例高于高年龄组老年人；无配偶（未婚、离婚和丧偶）老年人各维度存在健康问题的比例均低于有配偶的老年人；小学及以下文化程度的老年人各维度存在健康问题的比例均高于初中、高中及以上文化程度的老年人；有医疗保险的老年人存在健康问题的比例高于没有参加医疗保险的老年人；经济收入低的老年人各维度存在健康问题的比例均高于高收入的老年人；就医可及性好的社区老年人存在健康问题的比例较低，如表 4–8 所示。

表 4–8　不同特征的老年人存在健康问题的情况

项目	行动能力		自我照顾能力		日常活动能力		疼痛 / 不适		焦虑 / 沮丧	
	人数（人）	占比（%）	人数（人）	占比（%）	人数（人）	占比（%）	人数（人）	占比（%）	人数（人）	占比（%）
性别										
男	276	8.2	157	4.7	220	6.5	515	15.3	243	7.2
女	432	12.8	212	6.3	293	8.7	781	23.2	383	11.4
年龄（岁）										
60～64	81	2.4	36	1.1	61	1.8	275	8.2	142	4.2
65～69	147	4.4	66	2.0	99	2.9	331	9.8	159	4.7
70～74	162	4.8	72	2.1	108	3.2	277	8.2	115	3.4
75～79	159	4.7	81	2.4	118	3.5	226	6.7	101	3.0
≥ 80	159	4.7	114	3.4	127	3.8	187	5.6	109	3.2
婚姻状况										
有配偶	517	15.4	257	7.6	385	11.4	1044	31.0	476	14.2
无配偶	191	5.7	112	3.3	128	3.8	252	7.5	150	4.5
文化程度										

续表

项目	行动能力		自我照顾能力		日常活动能力		疼痛 / 不适		焦虑 / 沮丧	
	人数（人）	占比（%）	人数（人）	占比（%）	人数（人）	占比（%）	人数（人）	占比（%）	人数（人）	占比（%）
小学及以下	464	13.8	246	7.3	326	9.7	713	21.2	355	10.6
初中	156	4.6	78	2.3	111	3.3	339	10.1	170	5.1
高中及以上	88	2.6	45	1.3	76	2.3	244	7.3	101	3.0
医疗保险										
参保	685	20.4	353	10.5	498	14.8	1260	37.5	603	17.9
未参保	23	0.7	16	0.5	15	0.4	36	1.1	23	0.7
经济收入（元）										
< 10000	194	5.8	111	3.3	130	3.9	324	9.6	166	4.9
10000～20000	170	5.1	76	2.3	139	4.1	293	8.7	147	4.4
20001～30000	152	4.5	73	2.2	103	3.1	319	9.5	137	4.1
30001～40000	109	3.2	61	1.8	76	2.3	185	5.5	92	2.7
> 40000	83	2.5	48	1.4	65	1.9	175	5.2	84	2.5
慢性疾病										
有	567	16.9	310	9.2	409	12.2	965	28.7	477	14.2
无	141	4.2	59	1.8	104	3.1	331	9.8	148	4.4
就医距离（千米）										
< 1	366	10.9	225	6.7	293	8.7	656	19.5	325	9.7
⩾ 1	342	10.2	144	4.3	220	6.5	640	19.0	301	9.0
就医时间（分钟）										
< 5	13	0.4	6	0.2	7	0.2	39	1.2	7	0.2
5～10	501	14.9	266	7.9	357	10.6	887	26.4	446	13.3
> 10	194	5.8	97	2.9	149	4.4	370	11.0	173	5.1

（四）老年人生活自理能力情况

通过文献回顾、专家咨询和专题小组讨论，研究选用日常生活活动能力评定量表（Barthel 指数）作为“老年人能力评估量表”，从不同角度解读老年人失能的实际情况，为确立不同生活能力老年人照护服务项目提供依据。该量表包括老年人进食饮水、洗澡、修饰（包括洗脸、梳头、刷牙、剃须）、穿衣（包括扣纽扣、拉拉链及穿鞋）、排尿控制、排便控制、上厕所（包括擦、穿衣及冲洗）、床椅转移（变换坐位和卧位）、行走（可用助行器）、上下楼梯或台阶 10 个条目。每个条目分为独立、轻度依赖、中度依赖、重度依赖和完全依赖五个等级。Barthel 指数评分情况：总分 100 分，生活自理能力强，能独立；61～99 分，生活基本自理，轻度失能；41～60 分，生活需要帮助，中度失能；20～40 分，功能下降，重度失能；20 分以下，残疾，生活完全依赖。

1. 老年人生活自理能力总体情况

对社区老年人生活自理能力进行评估发现：老年人日常生活自理能力（Activities of Daily living，ADL）总分为（17.73±4.931）分，其中稍自理老年人占绝大部分，共 2003 人（59.6%），完全自理的老年人 844 人（25.1%），较大依赖的老年人 455 人（13.5%），完全依赖的老年人 61 人（1.8%），老年人总体日常生活自理能力较好（< 14 分完全自理，15～20 分稍自理，21～35 分较大依赖，36～56 分完全依赖），如表 4–9 所示。

表 4–9　城市社区老年人生活自理能力情况

生活自理能力	人数（人）	构成比（%）
完全自理	844	25.1
稍自理	2003	59.6
较大依赖	455	13.5

续表

生活自理能力	人数（人）	构成比（%）
完全依赖	61	1.8
合计	3363	100.0

2. 老年人 ADL 项目受损情况

老年人生活自理能力测评共含 14 个分项目，共计 56 分。总得分 < 14 分代表生活完全自理；总得分 >14 分代表生活自理能力存在不同程度的功能丧失（生活自理能力受损）。由表 4–10 可以看出，社区老年人日常生活自理能力（ADL）受损项目比例从高到低依次是进食、定时如厕、梳头刷牙、穿衣、服药、洗澡、行走、处理自己钱物、洗衣、打电话、做家务、做饭菜、购物和打电话。

表 4–10　调查对象日常生活自理能力（ADL）项目受损情况

项目	完全自理		稍自理		较大依赖		完全依赖	
	人数	（%）	人数	（%）	人数	（%）	人数	（%）
定时如厕	844	25.1	1881	55.9	378	11.2	6	0.2
行走	844	25.1	1815	54.0	235	7.0	0	0.0
洗澡	844	25.1	1836	54.6	292	8.7	0	0.0
穿衣	844	25.1	1895	56.3	374	11.1	3	0.1
梳头、刷牙等	844	25.1	1833	54.5	374	11.1	7	0.2
进食	844	25.1	1848	55.0	384	11.4	14	0.4
做家务	844	25.1	1604	47.7	121	3.6	0	0.0
服药	844	25.1	1799	53.5	301	8.9	14	0.4
洗衣	844	25.1	1608	47.8	167	5.0	15	0.4
做饭菜	844	25.1	1611	47.9	98	2.9	0	0.0
购物	844	25.1	1313	39.0	70	2.1	1	0.0

续表

项目	完全自理		稍自理		较大依赖		完全依赖	
	人数	(%)	人数	(%)	人数	(%)	人数	(%)
使用公共车辆	844	25.1	1045	31.1	53	1.6	1	0.0
打电话	844	25.1	1078	32.1	143	4.3	12	0.4
处理自己钱物	844	25.1	1282	38.1	195	5.8	5	0.1

3. 不同特征的老年人生活自理能力情况

分析不同人口社会学特征城市社区老年人 ADL 受损比例发现：男性老年人群 ADL 受损率为 75.5%，高于女性的 74.5%；> 80 岁组老年人的 ADL 受损率为 92.3%，高于 75～79 岁组（77.1%）、70～74 岁组（73.4%）、65～69 岁组（72.5%）、60～64 岁组（70.0%）；无配偶（未婚、离婚和丧偶）老年人的 ADL 受损率（78.9%），高于有配偶组（74.1%）；小学及以下文化程度的老年人 ADL 受损率为 77.8%，高于其他受教育组，文化程度为初中、高中及以上的社区老年人的 ADL 受损率分别是 74.9%、67.2%；经济收入 > 40000 元老年人的 ADL 受损率为 70.2%，低于其他组的老年人；患有慢性疾病的老年人的 ADL 受损率为 78.3%，高于无慢性疾病老年人的 68.5%；独居老年人的 ADL 受损率为 78.8%，高于非独居老年人（74.4%），如表 4–11 所示。

表 4–11　不同特征城市社区老年人 ADL 受损率比较分析

变量	组别	人数（人）	ADL 受损例数	受损率（%）
性别	男	1419	1071	75.5
	女	1944	1448	74.5
年龄（岁）	60～64	848	594	70.0
	65～69	918	666	72.5

续表

变量	组别	人数（人）	ADL 受损例数	受损率（%）
年龄（岁）	70～74	708	520	73.4
	75～79	538	415	77.1
	＞80	351	324	92.3
婚姻状况	有配偶	2819	2090	74.1
	无配偶	544	429	78.9
文化程度	小学及以下	1758	1368	77.8
	初中	925	693	74.9
	高中及以上	680	457	67.2
医疗保险	参保	3279	2456	74.9
	未参保	84	63	75.0
经济收入（元）	＜10000	711	527	74.1
	10000～20000	703	569	80.9
	20001～30000	879	644	73.3
	30001～40000	560	421	75.2
	＞40000	510	358	70.2
慢性疾病患病情况	有	2184	1709	78.3
	无	1179	808	68.5
就医距离（千米）	＜1	1963	1502	76.5
	≥1	1400	1017	72.6
就医时间（分钟）	＜5	88	68	77.3
	5～10	2474	1825	73.8
	＞10	801	626	78.2
居住方式	独居	419	330	78.8
	非独居	2944	2189	74.4

第二节　城市社区老年人养老服务需求分析

一、城市社区老年人养老服务需求的分布情况

为了更加直观地反映失能老年人的养老服务需求情况，对相关选项进行整合，最终划分为“不需要”“无所谓”“需要”三类。在生活照料服务方面，总得分（21.80±11.81）分，处于中等水平以下，需求从高到低排名前三位的依次是帮助换洗衣被（34.08%）分，帮助做饭或送饭（33.63%），帮助清扫房间、整理物品（32.74%）（见表4–12）；在精神慰藉方面，总得分（29.65±10.47）分，处于中等水平，需求从高到低排名前三位的依次是聊天解闷、排解情绪（64.79%），生日有人问候和陪伴（59.38%），节日有人问候和陪伴（58.93%）（见表4–13）；在基本医疗服务需求方面，总得分（33.90±7.73）分，处于中等偏上水平，需求从高到低排名前三位的依次是预约就诊、提供社区中西医诊治（89.83%），二级以上医院优先转诊会诊（86.68%）、开具“慢病长处方”（77.88%）（见表4–14）；在护理服务疾病护理维度需求方面，总得分（36.72±8.43）分，处于中等水平，需求从高到低排名前三位的依次是老年综合征护理（87.12%）、一般疾病护理（86.92%）、慢性疾病护理（75.17%）（见表4–15）；在公共卫生需求方面，总得分（20.46±4.69）分，处于中等偏上水平，需求从高到低排名前三位的依次是建立居民健康档案（85.55%）、老年人健康管理（85.34%）、慢性疾病患者健康管理（74.25%）（见表4–16）；在护理服务健康促进维度需求方面，总得分（47.09±11.32）分，处于中等偏上水平，需求从高到低排名前三位的依次是健康知识宣教（90.96%）、健康理念（89.38%）、营养与饮食（79.69%）（见表4–17）；在护理服务疾病预防维度需求方面，总得分（33.21±5.81）分，处于中等偏上水平，需求从高到低排名前三位的依

次是定期健康评估（90.96%）、建档信息动态管理（88.94%）、定期家庭访视（84.65%），如表 4–18 所示。

表 4–12　老年人生活照料服务需求情况分布

项目	不需要		无所谓		需要	
	人数（人）	占比（%）	人数（人）	占比（%）	人数（人）	占比（%）
帮助清扫房间、整理物品	1966	58.46	296	8.8	1101	32.74
帮助换洗衣被	1936	57.57	281	8.36	1146	34.08
帮助做饭或送饭	1974	58.70	258	7.67	1131	33.63
帮助清洗餐具	2012	59.83	289	8.59	1063	31.61
帮助进行个人清洁护理	2057	61.17	365	10.85	941	27.98
帮助购买生活用品	1966	58.46	463	13.77	934	27.77
帮助喂食喂药	2141	63.66	463	13.77	759	22.57
协助翻身、起卧	2239	66.58	502	14.90	622	18.50
户外活动陪护	2019	60.04	478	14.21	866	25.75

表 4–13　老年人精神慰藉服务需求情况分布

项目	不需要		无所谓		需要	
	人数（人）	占比（%）	人数（人）	占比（%）	人数（人）	占比（%）
聊天解闷、排解情绪	835	24.83	349	10.38	2179	64.79
生日有人问候和陪伴	873	25.96	493	14.66	1997	59.38
节日有人问候和陪伴	903	26.86	478	14.22	1982	58.93

续表

项目	不需要		无所谓		需要	
	人数（人）	占比（%）	人数（人）	占比（%）	人数（人）	占比（%）
组织老年人联谊活动	1791	53.26	729	21.68	843	25.06
心理辅导	1829	54.40	919	27.34	615	18.29
组织老年人娱乐活动	1731	51.47	774	23.02	858	25.51
外出旅游	1852	55.07	706	20.99	805	23.94
组织读书看报等学习活动	1875	55.75	843	25.07	645	19.18
组织老年人培训或讲座	1807	53.73	820	24.38	736	21.89
组织老年人竞技活动	2012	59.83	820	24.38	531	15.79
组织老年人参与公益活动	2050	60.95	812	24.15	501	14.9

表 4–14　老年人基本医疗服务需求情况分布

项目	不需要		无所谓		需要	
	人数（人）	占比（%）	人数（人）	占比（%）	人数（人）	占比（%）
预约就诊、提供社区中西医诊治	190	5.65	152	4.52	3021	89.83
二级以上医院优先转诊会诊	228	6.78	220	6.54	2915	86.68
开具“慢病长处方”	418	12.43	326	9.70	2619	77.88
提供及时有效的医药咨询及指导	440	13.08	539	16.03	2384	70.89
提供健康信息化相关服务	956	28.43	1253	37.26	1154	34.31
提供社区现场救护	645	19.18	858	25.51	1860	55.31

续表

项目	不需要		无所谓		需要	
	人数（人）	占比（%）	人数（人）	占比（%）	人数（人）	占比（%）
提供体检、健康评估服务	402	11.95	509	15.14	2452	72.91
提供家庭护理、病床等上门服务	600	17.84	562	16.71	2201	65.45
提供疾病恢复期的康复医疗服务	752	22.36	630	18.73	1981	58.91

表 4-15　老年人护理服务疾病护理维度需求情况分布

项目	不需要		无所谓		需要	
	人数（人）	占比（%）	人数（人）	占比（%）	人数（人）	占比（%）
老年综合征护理	220	6.54	213	6.33	2930	87.12
一般疾病护理	235	6.99	205	6.10	2923	86.92
慢性疾病护理	289	8.59	546	16.24	2528	75.17
失能老人长期照护	987	29.35	918	27.30	1458	43.35
精神疾病护理	1343	39.93	1215	36.13	805	23.93
传染性疾病护理	1389	41.30	1169	34.76	805	23.94
残障老人康复护理	1230	36.57	1101	32.74	1032	30.69
安宁疗护	1382	41.09	1047	31.13	934	27.77
社区紧急救护	964	28.66	1048	31.16	1351	40.17
突发公共卫生事件紧急救援	972	28.90	956	28.43	1435	42.67
中医护理	1070	31.82	949	28.22	1344	39.96

表 4-16　老年人公共卫生服务需求情况分布

项目	不需要		无所谓		需要	
	人数（人）	占比（%）	人数（人）	占比（%）	人数（人）	占比（%）
建立居民健康档案	137	4.07	349	10.38	2877	85.55
老年人健康管理	129	3.84	364	10.82	2870	85.34
慢性疾病患者健康管理	433	12.87	433	12.87	2497	74.25
严重精神障碍患者管理	1526	45.38	774	23.02	1063	31.61
结核病患者健康管理	1587	47.19	782	23.25	994	29.56
中医药健康管理	1344	39.96	721	21.44	1298	38.60

表 4-17　老年人护理服务健康促进维度需求情况分布

项目	不需要		无所谓		需要	
	人数（人）	占比（%）	人数（人）	占比（%）	人数（人）	占比（%）
健康理念	251	7.46	106	3.15	3006	89.38
健康知识宣教	182	5.41	122	3.63	3059	90.96
营养与饮食	357	10.61	326	9.70	2680	79.69
运动锻炼	562	16.71	638	18.97	2163	64.32
睡眠与休息	592	17.60	752	22.36	2019	60.04
行为与安全	630	18.73	828	24.62	1905	56.65
家庭及个人卫生	759	22.57	736	21.89	1868	55.55
控制体重	881	26.20	842	25.03	1640	48.76

续表

项目	不需要		无所谓		需要	
	人数（人）	占比（%）	人数（人）	占比（%）	人数（人）	占比（%）
环境卫生	767	22.81	835	24.83	1761	52.36
心理问题疏导	736	21.89	790	23.49	1837	54.62
家庭急救知识指导	721	21.44	782	23.25	1860	55.31
中医养生保健指导	569	16.92	790	23.49	2004	59.59
健康口腔指导	850	25.28	881	26.19	1632	48.53

表 4-18　老年人护理服务疾病预防维度需求情况分布

项目	不需要		无所谓		需要	
	人数（人）	占比（%）	人数（人）	占比（%）	人数（人）	占比（%）
建档信息动态管理	121	3.61	251	7.46	2991	88.94
定期健康评估	107	3.18	197	5.86	3059	90.96
自我健康监测指导	182	5.41	539	16.03	2642	78.56
定期家庭访视	159	4.73	357	10.62	2847	84.65
慢性疾病预防宣教	251	7.46	425	12.64	2687	79.90
传染病预防宣教	1154	34.31	979	29.12	1230	36.57
社区卫生诊断（协助）	1192	35.44	926	27.54	1245	37.02
预防接种	1161	34.52	790	23.49	1412	41.99
指导及时就诊	979	29.11	729	21.68	1655	49.21

二、不同程度失能老年人养老服务需求分析

本研究调查的 3363 名老年人中，按照 ADL 统计数据可知，2519 名老年人存在不同程度的失能，其中稍自理老年人占绝大部分，有 2003 人(59.6%)，完全自理的有 844 人（25.1%)，较大依赖的有 455 人（13.5%)，完全依赖的有 61 人（1.8%)。根据 ADL 的赋分和评估标准来划分不同程度失能老年人的养老服务需求，表中显示的是不同程度失能老年人的养老服务需求情况（“不需要”和“无所谓”不显示)，从中总结不同程度失能老年人的养老服务需求（需求超过平均水平)，如表 4−19 所示。

表 4−19　不同程度失能老年人的养老服务需求

项目		轻度	中度	重度
生活照料	帮助清扫房间、整理物品	√	√	√
	帮助换洗衣被	√	√	√
	帮助做饭或送饭	√	√	√
	帮助清洗餐具	√	√	√
	帮助进行个人清洁护理			√
	帮助购买生活用品			√
	帮助喂食喂药			√
	户外活动陪护			√
精神慰藉	聊天解闷、排解情绪	√	√	√
	生日有人问候和陪伴	√	√	√
	节日有人问候和陪伴	√	√	√

续表

项目		轻度	中度	重度
基本医疗	预约就诊、提供社区中西医诊治	√		√
	二级以上医院优先转诊会诊	√	√	√
	开具“慢病长处方”	√	√	√
	提供及时有效的医药咨询及指导		√	√
	提供体检、健康评估服务	√	√	√
	提供家庭护理、病床等上门服务		√	√
公共卫生	建立居民健康档案	√	√	√
	老年人健康管理	√	√	√
	慢性疾病患者健康管理	√	√	√
健康促进	健康理念	√	√	√
	健康知识宣教	√	√	√
	营养与饮食	√	√	√
健康促进	运动锻炼	√	√	
	睡眠与休息	√		
	中医养生保健指导	√		
疾病预防	建档信息动态管理	√	√	√
	定期健康评估	√	√	√
	自我健康监测指导	√	√	√
	定期家庭访视	√	√	√
	慢性疾病预防宣教	√	√	√

续表

项目		轻度	中度	重度
疾病护理	老年综合征护理	√	√	√
	一般疾病护理	√	√	√
	慢性疾病护理	√	√	√
	失能老人长期照护			√
	突发公共卫生事件紧急救援	√		

通过分析不同程度失能老年人的生活照料服务需求情况发现，不同失能程度的老年人对生活照料的需求差别不大，重度失能老年人需求最大的是帮助清扫房间、整理物品（42.6%）和帮助换洗衣被（42.6%），需求最小的是协助翻身、起卧（23.0%），如表4–20所示。

表4–20　不同程度失能老年人生活照料服务需求情况分布

项目	轻度（2003人）		中度（455人）		重度（61人）	
	人数（人）	占比（%）	人数（人）	占比（%）	人数（人）	占比（%）
帮助清扫房间、整理物品	549	27.4	143	31.4	26	42.6
帮助换洗衣被	591	29.5	148	32.5	26	42.6
帮助做饭或送饭	619	30.9	137	30.1	25	41.0
帮助清洗餐具	575	28.7	138	30.3	23	37.7
帮助进行个人清洁护理	505	25.2	122	26.8	21	34.4
帮助购买生活用品	489	24.4	122	26.8	21	34.4
帮助喂食喂药	375	18.7	106	23.3	18	29.5

续表

项目	轻度（2003 人）		中度（455 人）		重度（61 人）	
	人数（人）	占比（%）	人数（人）	占比（%）	人数（人）	占比（%）
协助翻身、起卧	349	17.4	63	13.8	14	23.0
户外活动陪护	481	24.0	116	25.5	18	29.5

通过分析不同程度失能老年人的精神慰藉服务需求情况发现，不同失能程度的老年人都对聊天解闷、排解情绪，生日有人问候和陪伴以及节日有人问候和陪伴的需求较大，均超过了 50%，如表 4–21 所示。

表 4–21　不同程度失能老年人精神慰藉服务需求情况分布

项目	轻度（2003 人）		中度（455 人）		重度（61 人）	
	人数（人）	占比（%）	人数（人）	占比（%）	人数（人）	占比（%）
聊天解闷、排解情绪	1150	57.4	317	69.7	46	75.4
生日有人问候和陪伴	1176	58.7	259	56.9	38	62.3
节日有人问候和陪伴	1158	57.8	275	60.4	36	59.0
组织老年人联谊活动	549	27.4	101	22.2	14	23.0
心理辅导	409	20.4	63	13.8	11	18.0
组织老年人娱乐活动	531	26.5	90	19.8	17	27.9
外出旅游	539	26.9	85	18.7	13	21.3
组织读书看报等学习活动	445	22.2	80	17.6	9	14.8
组织老年人培训或讲座	471	23.5	80	17.6	13	21.3
组织老年人竞技活动	365	18.2	43	9.5	10	16.4
组织老年人参与公益活动	286	14.3	37	8.1	9	14.8

通过分析不同程度失能老年人的基本医疗服务需求发现，不同失能程度的老年人对该方面的需求均较大：其中轻度失能老年人需求最大的是预约就诊、提供社区中西医诊治（86.5%），其次是二级以上医院优先转诊会诊（85.3%）；中度失能的老年人对二级以上医院优先转诊会诊（90.8%）的需求最大，其次是开具“慢病长处方”（83.7%）；重度失能的老年人需求较大的 5 种基本医疗服务依次是预约就诊、提供社区中西医诊治（93.4%），二级以上医院优先转诊会诊（86.9%），开具“慢病长处方”（82.0%），提供及时有效的医药咨询及指导（77.0%）以及提供体检、健康评估服务（75.4%）。对提供健康信息化相关服务方面，不同失能程度的老年人的需求不高，如表 4–22 所示。

表 4–22　不同程度失能老年人基本医疗服务需求情况分布

轻度（2003 人）	轻度（2003 人）		中度（455 人）		重度（61 人）	
	人数（人）	占比（%）	人数（人）	占比（%）	人数（人）	占比（%）
预约就诊、提供社区中西医诊治	1733	86.5	246	54.1	57	93.4
二级以上医院优先转诊会诊	1709	85.3	413	90.8	53	86.9
开具“慢病长处方”	1472	73.5	381	83.7	50	82.0
提供及时有效的医药咨询及指导	1324	66.1	344	75.6	47	77.0
提供健康信息化相关服务	749	37.4	159	34.9	17	27.9
提供社区现场救护	1176	58.7	270	59.3	28	45.9
提供体检、健康评估服务	1420	70.9	344	75.6	46	75.4

续表

轻度（2003 人）	轻度（2003 人）		中度（455 人）		重度（61 人）	
	人数（人）	占比（%）	人数（人）	占比（%）	人数（人）	占比（%）
提供家庭护理、病床等上门服务	1244	62.1	323	71.0	41	67.5
提供疾病恢复期的康复医疗服务	1158	57.8	285	62.6	36	59.0

通过疾病护理服务需求调查发现，不同程度失能老年人对老年综合征护理、一般疾病护理、慢性疾病护理服务项目需求较大，重度失能的老年人对失能老人长期照护需求也比较大，反观安宁疗护、社区紧急救护等服务项目，老年人对这些项目有一定的需求，但是需求不大，如表 4–23 所示。

表 4–23　不同程度失能老年人疾病护理服务需求情况分布

项目	轻度（2003 人）		中度（455 人）		重度（61 人）	
	人数（人）	占比（%）	人数（人）	占比（%）	人数（人）	占比（%）
老年综合征护理	1683	84.0	410	90.1	37	60.7
一般疾病护理	1737	86.7	394	86.6	55	90.2
慢性疾病护理	1394	69.6	354	77.8	49	80.3
失能老人长期照护	835	41.7	197	43.3	33	54.1
精神疾病护理	569	28.4	131	28.8	15	24.6
传染性疾病护理	593	29.6	116	25.5	15	24.6

续表

项目	轻度（2003人）		中度（455人）		重度（61人）	
	人数（人）	占比（%）	人数（人）	占比（%）	人数（人）	占比（%）
残障老人康复护理	685	34.2	126	27.7	23	37.7
安宁疗护	653	32.6	142	31.2	17	27.9
社区紧急救护	951	47.5	207	45.5	20	32.8
突发公共卫生事件紧急救援	985	49.2	202	44.4	23	37.7
中医护理	909	45.4	172	37.8	25	41.0

通过公共卫生服务需求调查发现，不同程度失能老年人对建立居民健康档案、老年人健康管理、慢性疾病患者健康管理3个服务项目的需求较大，特别是重度失能的老年人对该方面的需求更高，如表4-24所示。

表4-24　不同程度失能老年人公共卫生服务需求情况分布

项目	轻度（2003人）		中度（455人）		重度（61人）	
	人数（人）	占比（%）	人数（人）	占比（%）	人数（人）	占比（%）
建立居民健康档案	1725	86.1	354	77.8	55	90.2
老年人健康管理	1715	85.6	359	78.9	54	88.5
慢性疾病患者健康管理	1446	72.2	339	74.5	48	78.7
严重精神障碍患者管理	689	34.4	106	23.3	20	32.8
结核病患者健康管理	653	32.6	106	23.3	17	27.9
中医药健康管理	819	40.9	169	37.1	22	36.1

通过护理服务健康促进维度的需求调查发现，轻度、中度失能的老年人对健康促进服务的需求比较大，更加注重自己对健康知识的追求，重度失能的老年人反而更注重疾病康复等相关知识的获得，如表 4–25 所示。

表 4–25　不同程度失能老年人健康促进维度需求情况分布

项目	轻度（2003 人）		中度（455 人）		重度（61 人）	
	人数（人）	占比（%）	人数（人）	占比（%）	人数（人）	占比（%）
健康理念	1761	87.9	435	95.6	52	85.2
健康知识宣教	1845	92.1	425	93.4	54	88.5
营养与饮食	1668	83.3	354	77.8	47	77.0
运动锻炼	1352	67.5	308	67.7	35	57.4
睡眠与休息	1302	65.0	278	61.1	31	50.8
行为与安全	1276	63.7	263	57.8	28	45.9
家庭及个人卫生	1228	61.3	263	57.8	28	45.9
控制体重	1062	53.0	228	50.1	27	44.3
环境卫生	1144	57.1	243	53.4	30	49.2
心理问题疏导	1168	58.3	238	52.3	32	52.5
家庭急救知识指导	1226	61.2	238	52.3	31	50.8
中医养生保健指导	1286	64.2	268	58.9	34	55.7
健康口腔指导	1060	52.9	212	46.6	3	4.9

通过护理服务疾病预防维度的需求调查发现，不同程度失能的老年人对该方面的需求较大，主要集中在建档信息动态管理、定期健康评估、

自我健康监测指导、定期家庭访视、慢性疾病预防宣教等方面。值得注意的是，轻度失能的老年人对预防接种服务项目的需求较大，反映出该人群掌握了一定的疾病预防知识，对预防疾病的发生起到了一定的作用，如表 4–26 所示。

表 4–26　不同程度失能老年人疾病预防维度需求情况分布

项目	轻度（2003 人）		中度（455 人）		重度（61 人）	
	人数（人）	占比（%）	人数（人）	占比（%）	人数（人）	占比（%）
建档信息动态管理	1837	91.7	374	82.2	55	90.2
定期健康评估	1857	92.7	399	87.7	57	93.4
自我健康监测指导	1560	77.9	349	76.7	51	83.6
定期家庭访视	1652	82.5	394	86.6	55	90.2
慢性疾病预防宣教	1620	80.9	344	75.6	51	83.6
传染病预防宣教	869	43.4	142	31.2	23	37.7
社区卫生诊断（协助）	869	43.4	152	33.4	23	37.7
预防接种	1028	51.3	167	36.7	23	37.7
指导及时就诊	1092	54.5	197	43.3	31	50.8

三、不同生活自理能力老年人养老服务需求分析

本研究按照老年人生活自理能力 ADL 得分以“完全自理”“稍自理”“较大依赖”“完全依赖”4 个维度进行单因素方差分析，按照 $\alpha=0.05$ 的检验水准，结果显示在健康促进、疾病预防、疾病护理、生活照料、精神慰藉以及总体需求方面的差异均有统计学意义。分析结果表

明，不同生活自理能力对各维度照护服务需求均有影响，如表 4–27、图 4–1 所示。

表 4–27 不同生活自理能力老年人社区分级照护需求的比较分析（ ±*S*）

变量	健康促进	疾病预防	疾病护理	生活照料	精神慰藉	总体需求
完全自理	38.2±6.8	25.8±5.6	26.3±5.3	24.6±5.8	32.5±4.6	144.7±25.6
稍自理	37.2±5.4	28.2±6.2	36.3±6.8	26.3±5.4	33.6±5.8	156.3±28.2
较大依赖	44.8±7.2	25.6±5.7	39.3±7.1	29.2±6.3	38.3±6.2	174.1±32.4
完全依赖	35.4±5.6	22.5±4.2	38.2±6.9	25.6±4.8	36.9±7.1	153.7±23.5
F 值	72.3	30.8	132.6	23.9	71.5	52.6
p 值	0	0	0	0	0	0

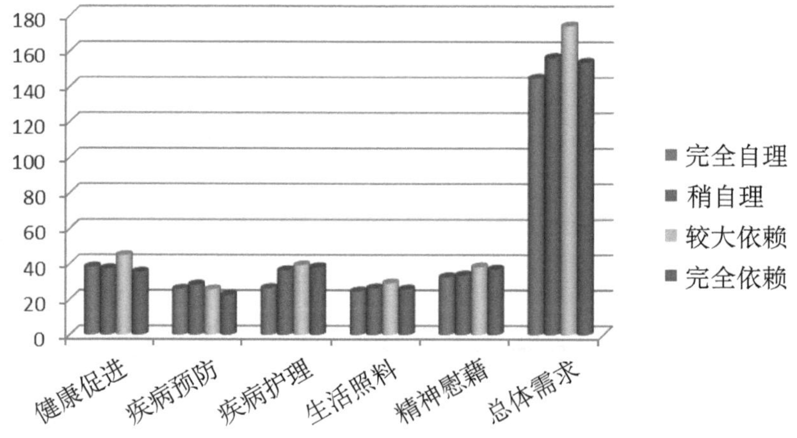

图 4–1 不同生活自理能力老年人医养照护需求的比较

第三节 基于对应分析的不同生活自理能力的老年人健康服务需求分析

对应分析（correspondence analysis），又称相应分析，其基本思想首先由理查森（Richardson）和库德（Kuder）在 1933 年提出，后来法国统计学家 Jean-Paul Benzecri 和日本统计学家 Hayashi Chikio 对该方法有进一步的发展（何晓群，2004）。该方法主要用于分析二维数据阵中行因素和列因素间的关系（方积乾，2001）。传统的因子分析只能对数据阵单独进行 R 型（列因素）或 Q 型（行因素）因子分析（factor analysis），不能同时对行因素和列因素进行分析，这就将行因素与列因素割裂开来了，从而遗漏了许多有用的信息（陈峰，1999）。事实上，有时行因素与列因素是不可分割的。比如，在研究不同地区、不同种类的恶性肿瘤死亡率时，我们既关心不同种类恶性肿瘤间的关系、不同地区同种恶性肿瘤间的关系，又想了解不同种类恶性肿瘤与地区间的关系，此时就需要对恶性肿瘤（列因素）和地区（行因素）同时进行因子分析，即对应分析。

对应分析是在 R 型因子分析和 Q 型因子分析的基础上发展起来的一种多元统计方法，又称为 R–Q 型因子分析。因子分析方法是用少数几个公共因子去提取研究对象的绝大部分信息，既减少了因子的数目，又把握住了研究对象的相互关系（何晓群，2004）。在因子分析中，如果研究变量间的相互关系时采用 R 型因子分析，研究样品间的相互关系时则采用 Q 型因子分析，但是两者都未能揭示变量和样品间的双重关系。此外，当样本容量 n 很大（如 $n > 1000$），进行 Q 型因子分析时，计算 n 阶方阵的特征值和特征向量对于微型计算机而言，其容量和速度都是难以胜任的。另外，在进行数据处理时，为了将数量级相差很大的变量进行比较，常常先对变量做标准化处理，然而这种标准化处理对样品是很难实现的。

换句话说，这种标准化处理对于变量和样品来说是非对等的，这就给寻找 R 型因子和 Q 型因子之间的联系带来一定的困难。针对上述问题，在 20 世纪 70 年代初，法国统计学家 J P Beozecri 提出对应分析方法，这种方法是在因子分析的基础上发展起来的，通过对原始数据采用适当的标度方法，把 R 型因子分析和 Q 型因子分析结合起来，同时得到两方面的结果——在同一因子平面上对变量和样品进行分类，从而揭示所研究的变量和样品间的内在联系。

在 J P Beozecri 提出对应分析之初，该方法并未引起学界的关注，直到 1974 年 M O Hill 在 *Applied statistics* 杂志上以《相应分析——一种被忽视的多元分析方法》为题，再度介绍了该方法及其优点之后才引起人们的兴趣（陈峰，1999）。自那时起对应分析就被广泛应用于地质、农林、海洋、医药等各方面的科学研究中，成为常用的多元统计分析方法。目前对应分析已被广泛应用于自然科学和社会科学的各个领域，取得了可喜的成果（Alain F，2007 ；Mao Duan-qian，2005 ；Ken Reed，2002）。对应分析在医学上的应用也是成功的，如 Hill（1982）通过对 5387 名中学生眼睛和头发的颜色的分析，发现了眼睛的颜色和头发的颜色之间的相关性，即眼睛由深色到浅色，相应地，头发的颜色由深色到红色。田俊等（2003）做了“福建省恶性肿瘤发病地区差异的对应分析”，通过对福建省 67 个县市的 7 种恶性肿瘤死亡率资料做分析，从中找出不同部位的恶性肿瘤死亡率与地区之间的关系，揭示不同部位恶性肿瘤死亡高发和低发的地区分布。方国兴（2004）的“对应分析在保险市场分析中的应用”，运用对应分析方法分析人群特征与投保险种之间的关系，对于保险展业人员高效率开拓业务以及保险公司开设适销的险种具有重大参考价值。曾序春等（2004）的“性传播疾病季节性的对应分析”，结果显示不同性病在一年中不同月份的发病有时间聚集性，得出对应分析应用于性传播疾病的季节性分析可获得良好效果的结论。尚景盛等（2004）应用对应分析研究 COPD 中医证候与病情分级的相关性，通过对慢性阻塞性肺疾病中医证候与病情分级的相关性研究，得出两者之间的分布关系。

一、对应分析方法基本思想及方法步骤

（一）基本思想

对应分析的基本思想是对数据阵进行适当的变换，使变换后的数据行与列是相对应的，从而可以同时对行和列进行因子分析，以发现行列因素间的关系。具体地说，首先根据数据阵计算标准化矩阵 Z，给出变量间的协方差矩阵 $S_R=Z'Z$ 和样品间的协方差矩阵 $S_Q=ZZ'$，由于 S_R 和 S_Q 具有相同的非零特征根 λ，记为 $\lambda_1 \geqslant \lambda_2 \cdots \geqslant \lambda_m > 0$，而这些特征根又正是各个公共因子的方差，因此可以用相同的因子轴同时表示变量点和样品点，即把变量点和样品点同时反映在具有相同坐标轴的因子平面上，以便同时对变量点和样品点进行分类。

设有 $n \times m$ 的数据阵 $\{x_{ij}\}$，行、列分别表示两个不同因素的 n 个水平和 m 个水平，首先定义分布轮廓的概念。

各行在列变量上的分布（构成比）称为该行的分布轮廓（profile），第 i 行的分布轮廓为

$$\left(\frac{x_{i1}}{X_{i.}},\frac{x_{i2}}{X_{i.}},\cdots,\frac{x_{im}}{X_{i.}}\right)$$

其和为 1（或 100%），其中，x_{i} 为第 i 行的合计。

对应地，第 j 列的分布轮廓为

$$\left(\frac{x_{1j}}{X_{.j}},\frac{x_{2j}}{X_{.j}},\cdots,\frac{x_{mj}}{X_{.j}}\right)$$

其和亦为 1（或 100%），其中 x_j 为第 j 列的合计。

对应分析的目的是从数据阵中概括出行列因素的基本的分布特征，使之反映数据阵的主要信息，寻找行、列因素间的关系。为同时对行和列进行分析，首先需要对数据阵进行如下变换：

$$Z_{ij}=\frac{x_{ij}-X_{i.}X_{.j}\big/X_{..}}{\sqrt{X_{i.}X_{.j}}}$$

其中 i=1，2，…，n；j=1，2，…，m；$X_{..}$ 为总合计。

再对变换后的数据阵 Z 进行 R 型和 Q 型因子分析，进行 R 型因子分析是从矩阵 $A_{m\times m}=Z'Z$ 出发，求其特征根和特征向量；进行 Q 型因子分析是从矩阵 $B_{n\times n}=ZZ'$ 出发，求其特征根和特征向量。

由于矩阵 $Z'Z$ 和 ZZ' 具有相同的非零特征根，且对同一特征根 λ，如 φ 是 $Z'Z$ 的特征向量，则 $\Psi=Z\varphi$ 是 ZZ' 的特征向量。A 与 B 的这种对应关系，使得变换后的数据对行与列是对等的，从而可以将行因素和列因素相提并论。

将 A 的第一因子和第二因子绘在因子负荷图上可以进行 R 型因子分析，将 B 的第一因子和第二因子绘在因子负荷图上可以进行 Q 型因子分析，又由于 A 和 B 的特征根相同，故相应的因子贡献率亦相同，因而可以将两者对应起来进行分析，即将 A 的第一因子和第二因子及 B 的第一因子和第二因子同时绘在同一坐标轴上，可以揭示行因素的不同水平及列因素的不同水平之间的关系，这就是对应分析方法的基本思想。

（二）方法步骤

设 x_{ij} 表示第 j 个指标的第 i 个样品观测，原始资料矩阵为

$$X=\begin{bmatrix} x_{11} & x_{12} & \cdots & x_{1p} \\ x_{21} & x_{22} & \cdots & x_{2p} \\ \vdots & \vdots & \cdots & \vdots \\ x_{n1} & x_{n2} & \cdots & x_{np} \end{bmatrix}$$

（1）按行、列分别求和，得行和 $Xi.$，列和 $X.j$ 及总和 $X..$。

（2）由原始矩阵 x 出发计算数据规格化的概率矩阵（对应阵）P 及数据变换矩阵 Z。

$$P=\left(p_{ij}\right)_{n\times p}$$

其中 $p_{ij}=\dfrac{x_{ij}}{X_{..}}$（$i$=1，2，…，$n$；$j$=1，2，…，$p$）。

$$Z=\left(z_{ij}\right)_{n\times p}$$

其中 $z_{ij}=\dfrac{p_{ij}-P_{i\cdot}P_{\cdot j}}{\sqrt{P_{i.}P_{.j}}}=\dfrac{x_{ij}-X_{i.}X_{.j}/X_{..}}{\sqrt{X_{i.}X_{.j}}}$（$i$=1，…，$r$；$j$=1，…，$p$）。

可以看出 $0\leqslant p_{ij}\leqslant 1$，且 $\sum_{i=1}^{n}\sum_{j=1}^{p}p_{ij}=1$，因而可将其理解为数据 x_{ij} 出现的“概率”，并称 P 为对应阵。

（3）计算行轮廓分布（或行形象分布），即

$$R=\left(\frac{x_{ij}}{X_{i.}}\right)_{n\times p}=\left(\frac{p_{ij}}{P_{i.}}\right)_{n\times p}=D^{-1}{}_{r}P\underline{def}\begin{bmatrix} R_1^{'} \\ \vdots \\ R_n^{'} \end{bmatrix}$$

R 矩阵由 X 矩阵（或对应阵 P）的每一行除以行和得到，其目的在于消除行点出现“概率”不同的影响。即 N（R）$=\{R_i$；i=1，…，$n\}$，N（R）表示 n 个行形象组成的 P 维空间的点集，则点集 N（R）的重心（各个样品点以 $P_{i.}$ 为权重）为

$$\sum_{i=1}^{n} P_{i.} R_i = \sum_{i=1}^{n} p_{i.} \begin{bmatrix} \dfrac{p_{i1}}{P_{i.}} \\ \vdots \\ \dfrac{p_{ip}}{P_{i.}} \end{bmatrix} = \begin{bmatrix} \sum_{i=1}^{n} p_{i1} \\ \vdots \\ \sum_{i=1}^{n} p_{ip} \end{bmatrix} = \begin{bmatrix} p_{.1} \\ \vdots \\ p_{.p} \end{bmatrix} = c$$

这里，c 是 p 个列变量的边缘分布。

（4）计算列轮廓分布（或列形象分布），即

$$C = \left(\frac{x_{ij}}{X_{.j}} \right)_{n \times p} = \left(\frac{p_{ij}}{P_{.j}} \right)_{n \times p} = PD^{-1}{}_{c} \underline{def} \left(C_1, \cdots, C_p \right)$$

C 矩阵由 X 矩阵（或对应阵 P）的每一列除以列和得到，其目的在于消除列点出现“概率”不同的影响。

（5）计算总惯量和 X^2 统计量，首先由加权平方距离公式可知，第 k 个和第 l 个样品点的 X^2 距离为

$$D^2(k,l) = \sum_{j=1}^{p} \left(\frac{p_{kl}}{P_{k.}} - \frac{p_{il}}{P_{l.}} \right)^2 / P_{.j} = \left(R_k - R_l \right)' D_c^{-1} \left(R_k - R_l \right)$$

我们把 n 个样品点（行点）到重心 c 的加权平方距离的总和定义为行形象点集 N（R）的总惯量 Q，由公式证明可知 $Q=X^2/T$。

（6）对标准化后的新数据阵 Z 做奇异值分解。

标准化后的新数据阵 Z 为 $n \times p$ 矩阵，那么

$\text{rank}(Z) = m \leqslant \min(n-1, p-1)$，其中 rank 为矩阵的秩，$Z'Z$ 的非零特征根为 $\lambda_1 \geqslant \lambda_2 \geqslant \cdots \geqslant \lambda_m > 0$，令 $d_i = \sqrt{\lambda_i}\,(i=1, \cdots, m)$，则称 d_i 为 Z 的奇异值。如果存在分解式 $Z=U\Lambda V'$，其中 U 为 $n \times n$ 正交矩阵，V 为 $p \times p$ 正交矩阵，Λ 为 $n \times p$ 对角矩阵（前 m 个对角元素为 $d_1, \cdots, d_m$，其余元素均为 0），则称分解式 $Z=U\Lambda V'$ 为矩阵 Z 的奇异值分解，即

$U=(U_1 \vdots U_2)$，$V=(V_1 \vdots V_2)$，$\Lambda_m=diag(d_1, \cdots, d_m)$，

其中 U_1 为 $n\times m$ 的列正交矩阵，V_1 为 $p\times m$ 的列正交矩阵，则奇异值分解式等价于 $Z=U_1\Lambda_m V_1'$。求 Z 的奇异值分解式其实是通过矩阵的特征值和标准化特征向量来得到的，设特征值为 $\lambda_1 \geqslant \lambda_2 \geqslant \cdots \geqslant \lambda_m>0$，相应标准化特征向量为 $v_1,v_2,\cdots,v_m$，在实际应用中也可以按累计贡献率

$$\frac{\lambda_1+\lambda_2+\cdots+\lambda_1}{\lambda_1+\cdots+\lambda_1+\cdots+\lambda_m} \geqslant 0.8（或 0.70，或 0.85）$$

确定所取公因子个数 l（$l \leqslant m$），Z 的奇异值 $d_j=\sqrt{\lambda_j}\,(j=1,\cdots, m)$，下面仍用 m 表示选定的因子个数。

（7）计算 R 型因子载荷矩阵（或列轮廓坐标）和 Q 型因子载荷矩阵（或行轮廓坐标）。

令 $a_i=D^{-1/2}{}_c v_i$，则 $a_i'D_c a_i=1$（$i=1,\cdots, m$），R 型因子分析的“因子载荷矩阵”（或列轮廓坐标）为

$$F=\left(d_1a_1, d_2a_2, \cdots, d_ma_m\right)=D^{-1/2}{}_c V_1\Lambda_m=\begin{bmatrix} \frac{d_1}{\sqrt{p_{.1}}}v_{11} & \frac{d_2}{\sqrt{p_{.1}}}v_{12} & \cdots & \frac{d_m}{\sqrt{p_{.1}}}v_{1m} \\ \frac{d_1}{\sqrt{p_{.2}}}v_{21} & \frac{d_2}{\sqrt{p_{.2}}}v_{22} & \cdots & \frac{d_m}{\sqrt{p_{.2}}}v_{2m} \\ \vdots & \vdots & \vdots & \vdots \\ \frac{d_1}{\sqrt{p_{.p}}}v_{p1} & \frac{d_2}{\sqrt{p_{.p}}}v_{p2} & \cdots & \frac{d_m}{\sqrt{p_{.p}}}v_{pm} \end{bmatrix}$$

其中 $D^{-1/2}{}_c$ 为 p 阶矩阵，V_1 为 $p\times m$ 矩阵。

令 $b_i=D^{-1/2}{}_r u_i$，则 $b_i'D_r b_i=1$（$i=1,\cdots, m$），Q 型因子分析的“因子载荷矩阵”（或行轮廓坐标）为

$$G=\left(d_1b_1,\ d_2b_2,\ \cdots,\ d_mb_m\right)=D^{-1/2}{}_rU_1\Lambda_m=\begin{bmatrix}\frac{d_1}{\sqrt{p_{1.}}}u_{11} & \frac{d_2}{\sqrt{p_{1.}}}u_{12} & \cdots & \frac{d_m}{\sqrt{p_{1.}}}u_{1m}\\ \frac{d_1}{\sqrt{p_{2.}}}u_{21} & \frac{d_2}{\sqrt{p_{2.}}}u_{22} & \cdots & \frac{d_m}{\sqrt{p_{2.}}}u_{2m}\\ \vdots & \vdots & \vdots & \vdots\\ \frac{d_1}{\sqrt{p_{p.}}}u_{n1} & \frac{d_2}{\sqrt{p_{p.}}}u_{n2} & \cdots & \frac{d_m}{\sqrt{p_{p.}}}u_{nm}\end{bmatrix}$$

其中 $D^{-1/2}{}_r$ 为 n 阶矩阵，U_1 为 $n\times m$ 矩阵。

（8）在同一坐标轴上作图。由于 $S_R=Z'Z$ 与 $S_Q=ZZ'$ 具有相同的非零特征根，故相应的因子贡献率亦相同，$S_R=Z'Z$ 与 $S_Q=ZZ'$ 的这种对应关系使得变换后的数据对行和列是对等的，因而可以将两者对应起来分析。在二维因子轴上作图，将 $S_R=Z'Z$ 的第一因子和第二因子及 $S_Q=ZZ'$ 的第一因子和第二因子同时绘在同一坐标轴上，即可揭示行因素的不同水平及列因素的不同水平间的对应关系。

二、不同生活自理能力老年人养老服务需求对应分析

日常生活自理能力（ADL）是由 Sidney Katz 在 1963 年首次提出的，用来评价老年人健康状况、预期寿命、生活质量等的一个重要指标（高利平，2010）。已有研究证明，日常生活功能丧失或受限将严重影响老年人的生命质量，增加医疗费用（龙敏，2013）。2015 年年底，山东省 60 岁以上老年人口近 1900 万人，占全省总人口的 19%，高出全国平均水平 3%，是中国第一老年人口大省（周云平，2016）。本研究对山东省城市社区的 3208 名老年人进行问卷调查，分析老年人日常生活自理能力现状，探讨不同程度生活自理能力老年人的健康需求，为社区开展老年分级照护、开设相应的健康服务提供理论依据，以应对人口老龄化所带来的卫

生服务需求压力。

以山东省年龄≥60岁城市社区老年人为研究总体，采用多阶段分层随机抽样方法进行抽样调查：首先按照经济文化状况把山东省17地市分为发达、中等、欠发达三个层级；从每层中随机抽取1个地市，然后从每个地市随机抽取3所社区卫生服务中心（站）；最后从抽取的服务中心（站）所服务的社区中随机抽取年龄≥60岁的老人作为问卷调查对象。所有被调查的老年人及其家属均对本次的调查研究了解知情，并在知情同意书上签字。本部分共筛选有效问卷3208份，采用EpiData 3.1建立数据库，应用SPSS 20.0软件进行统计分析。采用卡方检验对不同老年人日常生活自理能力差异进行统计学分析，采用对应分析探讨不同程度生活自理能力老年人的健康需求。

在文献查阅及专家咨询的基础上，将老年人医养照护服务需求分为六大类、共12个子项目：医疗护理（疾病护理、家庭病床）、康复保健（康复指导、预防保健）、健康教育（健康宣传、健康讲座）、生活照料（日托中心、家政服务）、精神慰藉（心理咨询、关爱陪同、结交朋友）、社会参与（参与社区管理和服务）。将每个子项目按“独立”“轻度依赖”“中度依赖”“重度依赖”和“完全依赖”进行界定，最后求出老年人对每个照护服务项目的需求构成比。采用ADL量表（Barthel指数）对老年人日常生活自理能力进行评定。应用对应分析对老年人医养照护服务需求项目进行相应分析，如表4–28所示。

表 4-28　不同程度生活自理能力老年人养老服务需求情况

项目		独立		轻度依赖		中度依赖		重度依赖		完全依赖	
		人数（人）	比例（%）	人数（人）	比例（%）	人数（人）	比例（%）	人数（人）	比例（%）	人数（人）	比例（%）
医疗护理	疾病护理	46	8.1	158	36.8	121	53.4	111	65.9	50	86.2
	家庭病床	1	0.2	9	1.9	29	12.6	99	58.8	54	93.1
康复保健	康复指导	14	2.5	388	90.1	197	87.1	107	63.7	4	6.9
	预防保健	487	85.7	382	88.7	122	53.8	19	11.1	4	6.9
健康教育	健康宣传	526	92.6	388	90.3	142	62.7	33	19.9	8	13.8
	健康讲座	495	87.1	358	83.3	181	80.2	12	7.1	4	6.9
生活照料	日托中心	1	0.2	67	15.6	55	24.4	86	51.3	50	86.2
	家政服务	182	32.0	63	14.6	196	86.7	108	64.2	50	86.2
精神慰藉	心理咨询	163	28.7	231	53.6	168	74.5	31	18.6	12	20.7
	关爱陪同	204	35.9	273	63.5	154	68.1	104	61.9	50	86.2
	结交朋友	539	94.9	329	76.5	75	33.3	35	20.8	0	0.0

续表

项目		独立		轻度依赖		中度依赖		重度依赖		完全依赖	
		人数（人）	比例（%）	人数（人）	比例（%）	人数（人）	比例（%）	人数（人）	比例（%）	人数（人）	比例（%）
社会参与	参与社区管理和服务	505	88.9	379	88.1	36	15.7	3	1.8	0	0.0

对应分析的前两个特征根 λ_1、λ_2 累计贡献率达 97.7%，几乎解释了原始资料的全部信息。表 4–29 为对应分析行因素与列因素的因子负荷。行因素（服务需求）及列因素（不同生活自理能力老年人）的第一因子负荷（Dim1）和第二因子负荷（Dim2）及组成的因子负荷图，如图 4–2 所示。

表 4–29　对应分析行因素与列因素的因子负荷

服务项目	行因素		老人	列因素	
	Dim1	Dim2		Dim1	Dim2
疾病护理	−1.06	0.06	独立	0.77	−0.75
家庭病床	−1.78	−0.50	轻度依赖	0.54	0.39
康复指导	0.08	1.38	中度依赖	0.16	0.37
预防保健	0.67	−0.22	重度依赖	−0.75	0.32
健康宣传	0,56	−0.15	完全依赖	−1.42	−0.50
健康讲座	0.78	−0.35			
心理咨询	0.20	0.14			

续表

服务项目	行因素		老人	列因素	
	Dim1	Dim2		Dim1	Dim2
关爱陪同	−0.39	−0.02			
结交朋友	0.64	−0.32			

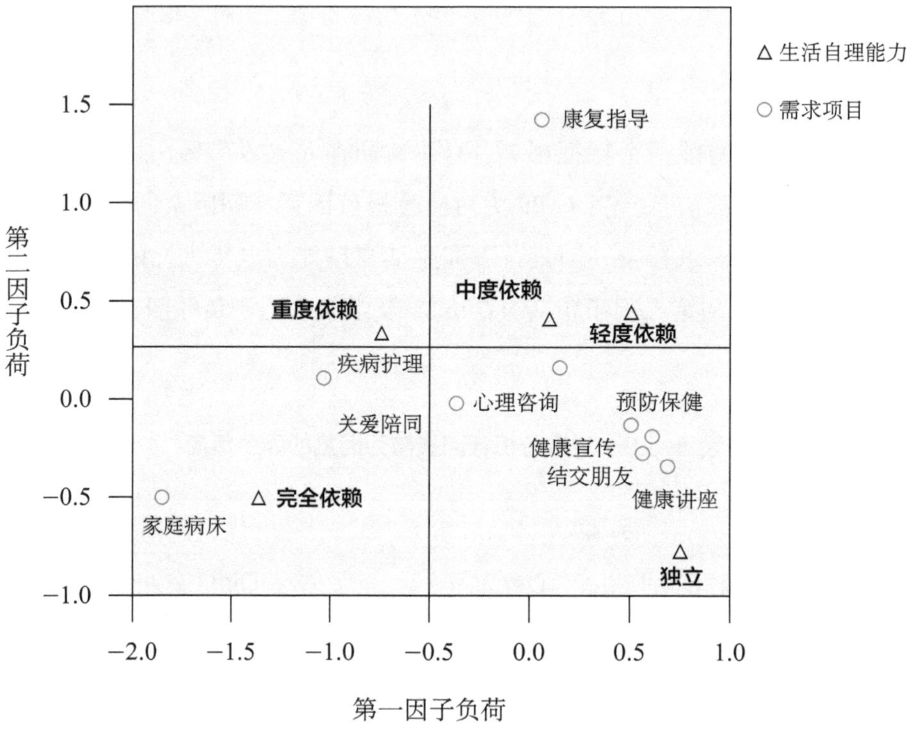

图 4−2　不同程度生活自理能力老年人与照护服务需求对应分析因子负荷图

由图 4−2 可以看出，完全独立的老年人与预防保健、健康讲座、健康宣传、结交朋友等服务项目的聚集性较大，提示其可能是健康教育和精神慰藉的高需人群；轻度依赖和中度依赖的老人与心理咨询服务项目的聚集性较大，提示其可能是精神慰藉的高需人群；重度依赖老年人与疾病护理、关爱陪同服务项目的聚集性较大，提示其可能是疾病护理和精神慰藉的高需人群；完全依赖的老年人与家庭病床服务项目的聚集性较大，提示其可能是医疗护理高需人群。

研究显示，男性、高年龄、低文化、无配偶、低收入、不参加体育锻炼、患慢性疾病的老年人日常生活自理能力状况较差，与国内外相关研究结果基本一致（张秀敏，2016），社区应重点关注此类老年人群，采取有针对性的干预措施，提高老年人日常生活自理能力，改善老年人生活质量。例如：加强对男性老年人的疾病预防知识宣传；加大对高龄老人的疾病护理和生活照料；加大对经济水平差的老年人的医疗救助援助，增加老年人收入来源；重点关注无配偶老年人的心理健康，对有再婚意愿的无配偶老年人给予理解和支持；提高老年人自我健康管理和体育锻炼的意识；加强老年人慢性疾病的预防，加大对患慢性疾病老年人的康复指导。

研究显示，完全能自理（独立）老年人占59.69%，与张秀敏（2016）的研究结果基本一致。其对参与社区管理服务的需求比较大，原因可能是这部分城市老年人大多是低龄老人，大部分刚刚从工作岗位退休，其岗位服务意识、社会参与的热情比较强烈，所以针对这类老人，应鼓励其参与到社区管理中来，积极开展老年志愿服务活动，增强老年人的社会参与感和生活幸福感。

研究显示，轻度依赖和中度依赖的老年人占39.31%，其对健康教育、生活照料和精神慰藉需求比较大，是社区健康服务需求的最主要人群。原因可能是这部分老年人主要是以中高龄老人为主，其机体功能开始退变，出现了一系列生理和心理健康问题，促使其开始关注健康促进知识和心理咨询服务，同时由于身体的不便导致其对家政服务的需求也相应增加。针对这类老年人，社区应开展多样化的健康宣传教育活动和文化娱乐活动，提供心理健康咨询服务，同时开设智能化的家政服务，以满足老年人的生活需求。

研究显示，重度依赖和完全依赖的老年人占1%，其对疾病护理、生活照料和精神慰藉的需求较大，其中完全依赖的老年人是家庭病床、日托中心、家政服务的高需人群。原因是这两类老年人身体功能严重受损，生活自理能力几乎完全丧失，目前的“421家庭结构”无法满足这部分老年人的疾病护理和生活照护的高需求。针对此类老年人，社区应增设日托中心、家庭病床、家政服务等养老服务项目，打造老年健康照护系统，满足老年人疾病护理、日常生活照料等方面的服务需求，以提高老年人的生命质量。

第四节　基于对应分析的城市社区不同类型的老年人健康服务需求分析

老年人是社区的特殊人群，随着生理机能的衰退、社会角色的转变和社会适应能力的降低，在身、心、人际交往方面呈现出各种健康问题，导致其对社区健康服务的需求量和需求层次不断增加，因而如何全方位地提供适宜的社区健康服务项目是摆在我们面前亟须解决的问题。国内相关研究根据老年人需要照护的程度，将老年人分为四种不同类型：一类老人指能够完全自理或低龄的老人，二类老人指中龄或失独、空巢的老人，三类老人指孤寡或半自理老人，四类老人指完全不能自理或高龄老人（刘满成，2014）。本研究拟基于不同类型老年人对社区健康服务项目的需求情况进行探讨，为社区有针对性地开展适宜的老年健康服务项目提供依据。

本次调查共发放问卷1250份，回收1250份，问卷回收率100%，有效问卷1208份，回收有效率96.64%。其中，男性541人（44.8%），女性667人（55.2%）；平均年龄为（69.19±7.51）岁；文化程度：小学及以下597人（49.4%），初中341人（28.2%），高中及以上270（22.4%）；婚姻状况：已婚994人（82.3%），未婚、离婚、丧偶214人（17.7%）；居住情况：独居106人（8.8%），与配偶同住789人（65.3%），与子女同住141人（11.7%），与配偶子女同住172人（14.2%）；患慢性疾病746人（61.8%），未患慢性疾病462人（38.2%）；低龄老人（60～69岁）640人（53.0%），中龄老人（70～79岁）388人（32.1%），高龄老人（80岁以上）180人（14.9%）；一类老人816人（67.5%），二类老人408人（33.8%），三类老人240人（19.9%），四类老人218人（18.05%）。

在文献参考及专家咨询的基础上，本研究将老年健康服务需求分为五大类11个子项目：健康教育需求（健康宣传、健康讲座）、日常照料需求（日托中心照顾、家政服务）、医疗护理需求（疾病护理、预防保健、家庭病床）、精神慰藉需求（心理咨询、关爱陪同、结交朋友）、社区参与需求（参与社区管理和服务）。老年人在每一类的每一个子项目上，按照需要、一般和不需要进行选择，最后求出老年人对每一类健康服务项目的需要构成比。老年人生活自理能力的评定采用国际衡量老年人生活自理能力的ADL量表进行。应用对应分析对不同类型老年人的健康服务需求项目进行分析。不同类型老年人的健康服务项目需求情况如表4–30所示。

表 4–30　不同类型老年人的健康服务项目需求情况

项目		一类老人	二类老人	三类老人	四类老人
健康教育需求	健康宣传	732（89.71）	278（68.14）	126（52.50）	96（44.04）
	健康讲座	715（87.62）	228（55.88）	108（45.00）	48（22.02）
日常照料需求	日托中心照顾	5（0.61）	216（52.94）	98（40.83）	168（77.06）
	家政服务	126（15.44）	321（78.68）	228（95.00）	196（89.91）
医疗护理需求	疾病护理	324（39.71）	284（69.61）	212（88.33）	210（96.33）
	预防保健	685（83.95）	251（61.52）	123（51.25）	103（47.25）
	家庭病床	10（1.23）	238（58.33）	232（96.67）	203（93.12）
精神慰藉需求	心理咨询	676（82.84）	218（53.43）	185（77.08）	126（57.80）
	关爱陪同	318（38.97）	352（86.27）	208（86.67）	195（89.45）
	结交朋友	623（76.35）	275（67.40）	145（60.42）	86（39.45）
社区参与需求	参与社区管理和服务	629（77.08）	188（46.08）	15（6.25）	6（2.75）

对表 4–30 进行对应分析，前两个特征根 λ_1、λ_2 累计贡献率达 95.4%，解释了原始资料的绝大部分的信息，因此两个公因子表示的二维因子负荷图可以表达表 4–30 资料中老年人与健康服务项目需求两属性变量间的关系。行因素（健康服务项目）及列因素（不同类型老年人）的第一因子负荷（Dim1）和第二因子负荷（Dim2）（见表 4–31）。将表行因素及列因素的第一、第二因子负荷分别绘在同一因子图上得到因子负荷图，如图 4–3 所示。

表 4–31　行因素与列因素的因子负荷

服务项目	行因素		老年人	列因素	
	Dim1	Dim2		Dim1	Dim2
健康宣传	−0.576	0.025	一类老人	−0.976	−0.07

续表

服务项目	行因素		老年人	列因素	
	Dim1	Dim2		Dim1	Dim2
健康讲座	−0.712	0.254	二类老人	−0.007	0.019
日托中心照顾	0.606	−0.504	三类老人	0.389	0.481
家政服务	0.717	0.259	四类老人	0.594	−0.43
疾病护理	0.46	−0.046			
预防保健	−0.234	−0.732			
家庭病床	0.916	0.264			
心理咨询	−0.307	0.261			
关爱陪同	0.41	0.051			
结交朋友	−0.421	0.286			
参与社区管理和服务	−0.86	−0.118			

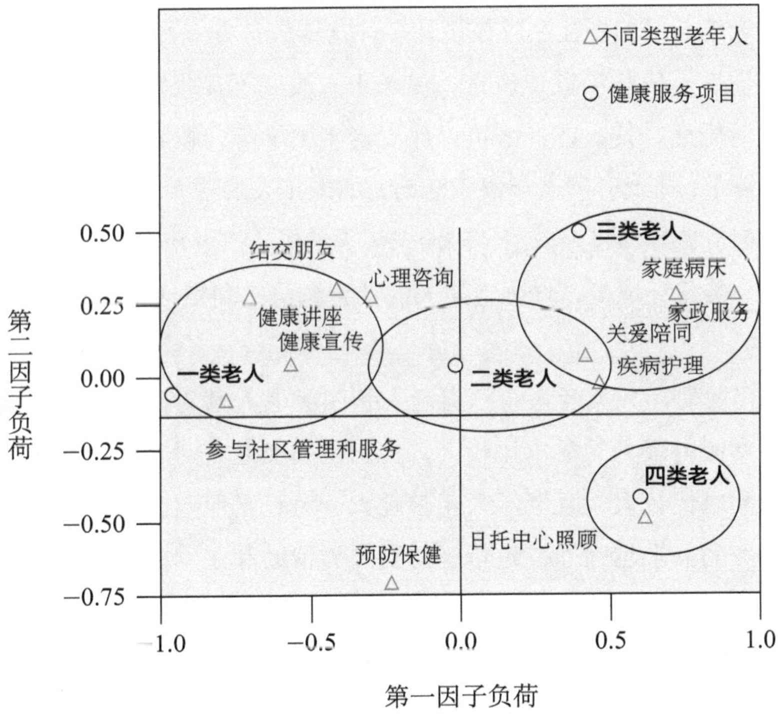

图 4-3 不同类型老年人与服务项目的对应分析因子负荷图

由图 4–3 可以看出，一类老人与健康宣传、健康讲座、心理咨询、结交朋友、参与社区管理和服务项目的聚集性比较大，提示其可能是健康教育、精神慰藉和健康管理参与的高需人群；二类老人与关爱陪同和疾病护理服务项目的聚集性比较大，提示其可能是医疗护理和精神慰藉的高需人群；三类老人与家庭病床、家政服务、关爱陪同和疾病护理服务项目的聚集性比较大，提示其可能是日常照料、医疗护理和精神慰藉的高需人群；四类老人与日托中心照顾服务项目的聚集性比较大，提示其可能是日常生活照料的高需人群。

研究发现，一类老人对健康宣传、健康讲座、心理咨询、结交朋友、参与社区管理和服务的需求比较大，原因可能是一类老人大部分是刚刚从一线退休的低龄老人，其健康意识、参与的意识比较强烈，所以针对这部分老年人，首先社区应该设计多种宣传教育方式开展宣传教育活动，重点是慢性疾病防治宣传教育，使老年人改变不良生活习惯，提高老年人的生活质量。其次在社区可以建立老年大学等，以满足老年人的多样化文化需求；广泛开展老年娱乐活动，如老年人书法大赛、合唱团、舞蹈团等，创造良好的娱乐氛围，陶冶老年人情操；积极开展志愿活动，如健康宣传、美化环境等，增强老年人的社会参与感和生活幸福感（胡晓微，2012）。

研究发现，二类老人、三类老人和四类老人其对医疗护理、精神慰藉和日常照料服务的需求比较大，特别是四类老人对日托中心照护服务项目的需求比较大，且老年人年龄越大，对日常照料、精神慰藉和医疗护理服务的需求越强烈，越希望得到外界帮助和子女的关爱。原因可能是二类和三类老人大部分是年龄超过 70 岁的失独、孤寡或者生活自理能力丧失的老人，其身体状况和心理状况越来越差，对日常照料、精神慰藉和医疗护理的需求也越来越大。针对这部分老年人群，社区应该建造老年人照护系统，完善老年社区健康服务体系，为高龄老年人提供日常生活照料、医疗护理和心理咨询等方面的服务，以提高老年人的生活质量。

第五节　基于 TAM 理论的城市社区智能化养老服务项目需求因素分析

技术采纳模型（Technology Acceptance Model，TAM）是美国学者 Davis 于 1989 年在理性行为理论（Theory of Reasoned Action，TRA）基础上构建的，专门用于研究用户对新的信息技术与信息系统采纳和接受行为的模型，在模型中，Davis 提出了影响用户采纳和接受信息技术的感知有用性（Perceived Usefulness，PU）和感知易用性（Perceived Ease of Use，PEOU）两个关键因素，感知有用性反映用户使用某项技术或系统后对自身工作绩效的帮助程度，感知易用性反映用户使用某项技术或系统的容易程度（王玮，2007）。课题组在前期调研过程中发现，感知有用性和感知易用性可能是老年人接受某一新技术或新项目时考虑的主要因素，本研究拟基于 TAM 模型理论，从消费者采纳行为的角度探讨城市社区老年人对智能化养老服务的接受度及其影响因素，通过明确老年群体对智能服务的使用意向和行为，将潜在需要转变为有效需求，进而为智能化养老服务项目的构建和管理提供一些参考。

一、调查对象及调查内容

本研究以山东省城市社区内年龄≥60 岁的老年人为调查对象，采用多阶段随机分层抽样方法进行抽样：按经济状况把山东省养老示范区所在地市分为好、中、差三个层级；从每层中随机抽取 1 个地市，在每个地市中随机抽取2个养老示范区，再从每个示范区中随机抽取2所社区服务中心（站）；从抽取的每个服务中心（站）所服务的全部老年人中随机抽取60名老年人，共抽取老年人720名。将抽中的社区服务机构的管理人员、社区医护人员及部分老年人作为调查和访谈对象，采用问卷调查法对抽中的社区服务机构、机构工作人员和老年人进行调查。问卷内容包括两个部分：①个人基本情况，包括性别、年龄、教育程度、家庭人均月收入、居住地、居住情况、自感健康状况等人口统计学变量；②智能养老服务项目的相关认知变量，包括技术焦虑、感知风险、社会规范、感知易用性、感知有用性、行为意向六类变量。采用李克特量表度量法对认知变量条目进行调查，调查对象从五个选项“很不同意”“不同意”“一般”“同意”“非常同意”中选出最符合自己实际情况的一项，分别赋予1分、2分、3分、4分、5分，最后计算每一条目得分的均数和标准差。

二、调查对象一般情况

本次调查共发放问卷720份，回收问卷720份，其中有效问卷680份，回收有效率为94.4%。其中，男性298人（43.8%），女性382人（56.2%）；平均年龄为（68.24±3.47）岁；调查对象的年龄主要集中在60~69岁，占调查对象总数的63.3%；教育程度以初中最多，占40.3%，其次为中专或高中，占31.8%；家庭人均月收入为5000~7500元的老年人最多，占35.7%；调查对象以城区为主，占48.4%；与家人同住的老年人占72.4%；认为自己健康状态较好的老年人占53.4%，认为自己健康状况一般的老年人占31.3%，认为自己的健康状况不好的老年人占15.3%。

三、智能养老服务项目认知变量

认知变量量表的 Cronbach's α 系数为 0.852，表明量表具有较高的信度。采用因子分析对问卷进行结构效度分析，提取的 6 个因子解释 86.32%的变异，表明该问卷具有较好的结构效度。将各变量条目得分均值从大到小排序为：感知有用性（3.84）、感知易用性（3.68）、感知风险（3.63）、主观规范（3.42）、使用意向（3.36）、技术焦虑（3.12），说明对智能养老服务项目的感知有用性、感知易用性、感知风险较为关注，结果如表 4–32 所示。

表 4–32 智能养老服务项目认知变量条目得分

<table>
<tr><th>变量指标</th><th>调查问卷条目</th><th>均数</th><th>标准差</th></tr>
<tr><td rowspan="2">技术焦虑</td><td>使用智能化服务系统会让我觉得不舒服</td><td rowspan="2">3.12</td><td rowspan="2">0.93</td></tr>
<tr><td>个人觉得学习如何操作智能化服务系统很麻烦</td></tr>
<tr><td rowspan="2">感知风险</td><td>担心使用智能化服务系统会泄露个人隐私</td><td rowspan="2">3.63</td><td rowspan="2">1.01</td></tr>
<tr><td>担心使用智能化服务系统测得的健康数据不准确</td></tr>
<tr><td rowspan="4">主观规范</td><td>如果家人支持，我会考虑使用智能化服务系统</td><td rowspan="4">3.42</td><td rowspan="4">1.16</td></tr>
<tr><td>如果朋友推荐，我会考虑使用智能化服务系统</td></tr>
<tr><td>如果医生推荐，我会考虑使用智能化服务系统</td></tr>
<tr><td>如果收费合理，我会考虑使用智能化服务系统</td></tr>
<tr><td rowspan="3">感知易用性</td><td>学习如何操作智能化服务系统很容易</td><td rowspan="3">3.68</td><td rowspan="3">1.02</td></tr>
<tr><td>通过智能化服务系统跟医生互动很容易</td></tr>
<tr><td>通过智能化服务系统测量健康数据更方便、准确</td></tr>
<tr><td rowspan="2">感知有用性</td><td>智能化服务系统能帮助我更熟悉自己的健康状况</td><td rowspan="2">3.84</td><td rowspan="2">1.03</td></tr>
<tr><td>智能化服务系统能帮助我更好地跟医生交流</td></tr>
</table>

续表

变量指标	调查问卷条目	均数	标准差
感知有用性	智能化服务系统能帮助我获得更多健康资源	3.84	1.03
	智能化服务系统能减少医疗费用		
	智能化服务系统能减少诊疗时间		
	智能化服务系统能减少我的孤独感		
使用意向	如果有智能化服务系统，我打算使用它	3.36	1.21
	如果有需要，我愿意使用智能化服务系统		
	如果智能化服务系统效果好，我愿意使用它		

四、智能养老服务项目认知变量条目相关分析

Pearson 相关分析表明：在 $\alpha=0.05$ 检验水准上，技术焦虑与感知风险呈显著正相关，与感知易用性、感知有用性和使用意向呈显著负相关，感知风险与主观规范、感知易用性和感知有用性呈显著负相关，感知易用性与感知有用性、使用意向呈显著正相关，感知有用性与使用意向呈显著正相关。结果如表 4–33 所示。

表 4–33　认知变量的 Pearson 相关分析

变量指标		技术焦虑	感知风险	主观规范	感知易用性	感知有用性	使用意向
技术焦虑	相关系数	1.000	0.508*	–0.105	–0.525*	–0.502*	–0.150*
	p 值		0.000	0.064	0.000	0.000	0.008

续表

变量指标		技术焦虑	感知风险	主观规范	感知易用性	感知有用性	使用意向
感知风险	相关系数	0.508*	1.000	−0.284*	−0.146*	−0.410*	0.025
	p 值	0.000		0.000	0.010	0.000	0.656
主观规范	相关系数	−0.105	−0.284*	1.000	0.040	−0.003	−0.011
	p 值	0.064	0.000		0.486	0.957	0.843
感知易用性	相关系数	−0.525*	−0.146*	0.040	1.000	0.464*	0.263*
	p 值	0.000	0.010	0.486		0.000	0.000
感知有用性	相关系数	−0.502*	−0.410*	−0.003	0.464*	1.000	0.248*
	p 值	0.000	0.000	0.957	0.000		0.000
使用意向	相关系数	−0.150*	0.025	−0.011	0.263*	0.248*	1.000
	p 值	0.008	0.656	0.843	0.000	0.000	

五、智能养老服务项目需求影响因素分析

以需求与否作为因变量，需求为1，不需求为0，将性别、年龄、教育程度、家庭人均月收入、居住地、居住情况、自感健康状况、技术焦虑、感知风险、主观规范、感知易用性、感知有用性、使用意向13个影响因素作为自变量进行非条件二分类Logistic回归分析。在进行回归分析前，首先进行自变量的线性趋势检验及多元共线性诊断，将无序多分类变量以哑变量的形式引入方程。分析结果显示，年龄、家庭人均月收入、居住情

况（是否独居）、自感健康状况、感知有用性、技术焦虑、主观规范 7 个变量为影响老年人选择智能养老服务项目的主要因素，如表 4–34 所示。

表 4–34　进入方程中的自变量及有关参数的估计值

选入变量	回归系数	标准误	Waldχ^2	p	Exp（B）	Exp（B）95%CI
年龄	0.398	0.120	10.923	0.001	1.489	1.176～1.886
人均月收入	1.206	0.249	23.501	0.000	3.339	2.051～5.437
居住情况	0.812	0.144	17.523	0.000	2.253	1.744～2.986
自感健康状况	−0.637	0.273	9.442	0.002	0.529	0.311～0.902
技术焦虑	−0.449	0.198	5.156	0.023	0.638	0.502～0.795
感知有用性	0.322	0.128	6.316	0.012	1.379	1.073～1.773
主观规范	0.329	0.125	6.982	0.008	1.390	1.089～1.775

六、讨论及建议

随着科技革命的深入开展和物联网技术的日趋成熟，实现智能化养老服务是世界各国解决养老服务资源结构性短缺的必然选择。目前我国智能养老整体还处于“学、抄、拿”的起步阶段，在其发展中还存在诸多瓶颈。本研究基于 TAM 模型理论，探讨城市社区老年人对智能化养老服务的接受度及其影响因素，为智能化养老服务项目的构建和管理提供一些参考。

（一）人口社会学特征变量对智能化养老服务项目需求的影响

研究显示，年龄、家庭人均月收入、居住情况（是否独居）、自感健康状况等人口社会学特征是影响老年人采用智能养老服务项目的外部影响因素。年龄相对高的老年人对智能养老服务项目的需求是低龄老年人的1.5倍，说明随着年龄的增长，老年人对自身的健康关注度越来越高，迫切希望通过更加智能的养老服务项目（如远程医疗）跟医生进行快捷的互动交流；高收入老年人对智能养老服务项目的需求是低收入老年人的3.3倍，说明高收入老年人选择智能养老服务的意愿较为强烈，希望享受更优质的养老服务与老年生活，因而应该按照价格水平给不同收入水平的老年人提供分级的养老服务项目，以满足不同层次老年人的养老服务需求；独居老年人对智能养老服务项目的需求是其他人群的2.3倍，说明独居老年人精神空虚，缺乏子女关怀，无人照料，更期望通过智能服务项目跟医生交流，同时可以远程得到子女必要的关注和情感慰藉，从而减轻其孤独感，因而应该增加智能养老服务项目的娱乐性，满足这部分老年人的多样化需求；健康状况差的老年人对智能养老服务项目的需求是健康状况较好老年人的2倍，说明健康状况差的老年人更加希望通过智能养老服务系统改善自己的健康水平，解决看病难、看病贵的问题，因而应该针对不同健康水平的老年人开发精准的智能养老服务内容，以满足不同健康水平老年人的健康服务需求。

（二）TAM理论下智能养老服务项目需求影响因素分析

TAM模型认为，用户对信息技术或信息系统的接纳使用是由其使用意向决定的，而使用意向又主要取决于其对易用性与有用性的感知（任聪，2014），同时其他的外部因素，比如使用者性别、年龄、环境因素等都会通过影响感知有用性和感知易用性、态度、使用意图从而影响使用行为。本研究发现，老年人对智能养老服务项目认知变量得分最高的前三位为感知有用性、感知易用性、感知风险，说明老年人在采用智能养老服务项目时首先会考虑该项目的有用性，即能不能有效改善自己的健康水平。其次是考虑智能养老服务项目的操作容易程度，系统越容易操作，越容易被接受。Pearson相关分析显示，感知风险与感知易用性、感知有用性、主观规范显著负相关，与技术焦虑显著正相关，结果与已有研究（张冬妮，2013）基本一致，说明产品质量和安全性在智能养老服务项目建设中的重要性，直接影响用户对服务项目的采纳程度，并且通过对用户感知有用性与感知易用性的影响来对用户的使用态度和使用意向产生一定程度的影响。

总之，基于 TAM 理论模型，充分考虑影响老年人接纳和使用智能养老服务项目的主要因素，明确老年人的人口社会学特征变量、感知有用性、感知易用性、感知风险性、主观规范等对用户接纳行为的作用机制，为老年人提供针对性强、操作简便、安全系数高的智能养老服务项目，才能真正满足老年人的多元化健康需求，提高老年人的生活质量。

第六节　城市社区养老服务需求的影响因素及作用机制分析

老年人对养老服务的需求受多种因素影响，为找出老年人养老服务需求的主要影响因素，将老年人各维度的照护服务需求评分以及总体评分作为因变量，将老年人的人口社会学特征、SCL-90 得分、ADL 得分等各影响因素作为自变量，进行多元线性回归及 Logistic 回归分析。变量赋值说明如表 4–35 所示。

表 4–35　多元线性回归分析变量赋值说明

因素	赋值说明
性别	男＝0，女＝1

续表

因素	赋值说明
年龄	连续数值型
婚姻状况	已婚 = 0，其他 = 1
文化程度	小学及以下 =1，初中 = 2，高中及以上 = 3
经济收入	连续数值型
BMI	连续数值型
慢性疾病患病情况	有 = 0，无 = 1 ；
职业	农业劳动者 = 0 ；其他 =1
居住方式	独居 = 1，与配偶同住 = 0，与子女同住 = 0，与配偶、子女同住 = 0 独居 = 0，与配偶同住 = 1，与子女同住 = 0，与配偶、子女同住 = 0 独居 = 0，与配偶同住 = 0，与子女同住 = 1，与配偶、子女同住 = 0 独居 = 0，与配偶同住 = 0，与子女同住 = 0，与配偶、子女同住 = 1
就医距离（千米）	<1 = 1，1～2 = 2，2～3 = 3，>3 = 4
子女个数	0～1 = 1，2 = 2，3 = 3，≥4 = 4
生命质量得分	连续数值型
ADL 得分	连续数值型
SCL-90 得分	连续数值型
认知评估得分	连续数值型
社会支持得分	连续数值型

一、老年人健康促进维度照护服务需求的影响因素分析

以健康促进维度的照护服务需求得分作为因变量，以老年人的人口社会学特征、SCL-90 得分、ADL 得分为自变量，建立多元逐步线性回归模型。结果显示，D–W 检验值 = 1.697，可以认为各变量之间无自相关性，模型检验 F=4.635、P=0.000，说明模型有统计学意义，自变量与因变量之间有线性关系；共线性诊断发现，容忍度均大于 0.6 且 VIF 取值小于 1.6，说明不存在多元共线性问题。通过标准化残差概率图显示发现，散点围绕在对角线附近，满足正态性的条件。

进入回归方程的检验水准 α 为 0.05，剔除方程的检验水准 α 为 0.10。多元逐步线性回归的结果显示，ADL 得分、学历、慢性疾病患病情况、年龄进入回归方程（P < 0.05）。由分析结果可得出，老年人健康促进维度照护服务需求得分与老年人的生活自理能力、学历、慢性疾病患病情况和年龄呈正相关，老年人生活自理能力越差、学历越高、年龄越大，对健康促进服务的需求越高；患慢性疾病的老年人较未患慢性疾病的老年人对健康促进服务的需求更高，如表 4–36 所示。

表 4–36　健康促进维度照护服务需求影响因素的多元逐步线性回归分析

因素	回归系数	标准误	t 值	P 值	相对危险度	相对危险度 95%CI	
						下限	上限
ADL 得分	0.315	0.190	3.745	0.035	1.370	0.944	1.989
学历	0.416	0.068	7.293	0.001	1.516	1.327	1.733
慢性疾病患病情况	0.776	0.055	9.657	0.000	2.174	1.951	2.422
年龄	0.023	0.009	6.115	0.013	1.024	1.005	1.043

二、老年人疾病预防维度照护服务需求的影响因素分析

以疾病预防维度的照护服务需求得分作为因变量，以老年人的人口社会学特征、SCL-90 得分、ADL 得分作为自变量，建立多元逐步线性回归模型。结果显示，D−W 检验值 = 1.666，可以认为各变量之间无自相关性，模型检验 $F=2.120$、$P=0.012$，说明模型有统计学意义，自变量与因变量之间有线性关系；共线性诊断发现，容忍度均大于 0.6 且 VIF 取值小于 1.7，说明该模型不存在多元共线性问题。通过标准化残差概率图显示发现，散点围绕在对角线附近，满足正态性的条件。

进入回归方程的检验水准 α 为 0.05，剔除方程的检验水准 α 为 0.10。多元逐步线性回归的结果显示，就医时间、婚姻状况、ADL 得分进入方程（$P < 0.05$）。由分析结果可得出，老年人疾病预防维度照护服务需求得分与婚姻状况呈负相关关系（问卷中反向赋值），有配偶老年人较未婚、离婚、丧偶老年人对疾病预防护理的需求程度更高，且与就医时间呈正相关，即老年人就医时间越长，对疾病预防服务的需求越高，老年人生活自理能力越差，疾病预防服务需求越高，如表 4−37 所示。

表 4−37　疾病预防维度照护服务需求影响因素的多元逐步线性回归分析

因素	回归系数	标准误	*t* 值	*P* 值	相对危险度	相对危险度 95%CI	
						下限	上限
就医时间	0.423	0.189	4.995	0.025	1.526	1.053	2.221
婚姻状况	−0.323	0.131	6.110	0.014	0.724	0.561	0.935
ADL 得分	0.415	0.068	9.969	0.001	1.514	1.324	1.730

三、老年人疾病护理维度照护服务需求的影响因素分析

以疾病护理维度的照护服务需求得分作为因变量，以老年人的人口社会学特征、SCL-90 得分、ADL 得分作为自变量，建立多元逐步线性回归模型。结果显示，D−W 检验值 = 1.700，可以认为各变量之间无自相关性，模型检验 F=4.376、P=0.000，自变量与因变量之间有线性关系，说明该模型有统计学意义；共线性诊断发现，容忍度均大于 0.6 且 VIF 取值小于 1.6，说明该模型不存在多元共线性问题。通过标准化残差概率图显示发现，散点围绕在对角线附近，满足正态性的条件。

进入回归方程的检验水准 α 为 0.05，剔除方程的检验水准 α 为 0.10。多元逐步线性回归的结果显示，ADL 得分、SCL-90 得分、慢性疾病患病情况进入方程（$P < 0.05$）。由分析结果可得出，老年人疾病护理维度照护服务需求得分与 ADL 得分、SCL-90 得分、慢性疾病患病情况呈正相关，老年人生活自理能力和心理健康状况越差，疾病护理需求越高，患有慢性疾病的老年人疾病护理需求程度更高，如表 4−38 所示。

表 4−38　疾病护理维度照护服务需求影响因素的多元逐步线性回归分析

因素	回归系数	标准误	t 值	P 值	相对危险度	相对危险度 95%CI	
						下限	上限
ADL 得分	0.435	0.178	5.322	0.021	1.545	1.068	2.237
SCL-90 得分	0.439	0.068	8.773	0.014	1.551	1.358	1.771
慢性疾病患病情况	0.769	0.055	9.561	0.001	2.158	1.937	2.404

四、老年人生活照料维度照护服务需求的影响因素分析

以生活照料维度的照护服务需求得分作为因变量，以老年人的人口社会学特征、SCL-90 得分、ADL 得分作为自变量，建立多元逐步线性回归模型。结果显示，D−W 检验值 = 1.689，可以认为各变量之间无自相关性，模型检验 $F=6.126$、$P=0.000$，说明该模型有统计学意义，自变量与因变量之间有线性关系。通过标准化残差概率图显示发现，散点围绕在对角线附近，满足正态性的条件。

进入回归方程的检验水准 α 为 0.05，剔除方程的检验水准 α 为 0.10。多元逐步线性回归的结果显示，个人收入、ADL 得分进入方程（$P<0.05$）。由分析结果可得出，老年人生活照料维度照护服务需求得分与个人收入呈正相关，收入越高需求越高；与 ADL 得分呈负相关，健康状况越差，需求越高，如表 4−39 所示。

表 4−39　生活照料维度照护服务需求影响因素的多元逐步线性回归分析

因素	回归系数	标准误	*t* 值	*P* 值	相对危险度	相对危险度 95%CI	
						下限	上限
个人收入	0.429	0.189	5.150	0.023	1.536	1.060	2.226
ADL 得分	−0.346	0.120	8.278	0.004	0.708	0.559	0.896

五、老年人精神慰藉维度照护服务需求的影响因素分析

以精神慰藉维度的照护服务需求得分作为因变量，以老年人的人口社会学特征、SCL-90 得分、ADL 得分作为自变量，建立多元逐步线性回归模型。结果显示，D−W 检验值 =1.672，可以认为各变量之间无

自相关性，模型检验 $F=3.165$、$P=0.000$，说明该模型有统计学意义，自变量与因变量之间有线性关系；共线性诊断发现，容忍度均大于 0.7 且 VIF 取值小于 1.4，说明该模型不存在多元共线性问题。通过标准化残差概率图显示发现，散点围绕在对角线附近，满足正态性的条件。

进入回归方程的检验水准 α 为 0.05，剔除方程的检验水准 α 为 0.10。多元逐步线性回归的结果显示，居住情况、个人收入、SCL-90 得分进入方程（$P<0.05$）。由分析结果可得出，不与子女居住、个人收入高、SCL-90 得分低的老年人的精神慰藉服务需求较高，如表 4—40 所示。

表 4—40　精神慰藉维度照护服务需求影响因素的多元逐步线性回归分析

因素	回归系数	标准误	t 值	P 值	相对危险度	相对危险度 95%CI	
						下限	上限
居住情况	0.769	0.055	9.895	0.001	2.158	1.937	2.045
个人收入	0.023	0.009	5.838	0.016	1.023	1.004	1.042
SCL-90 得分	−0.378	0.121	0.800	0.002	0.686	0.541	0.868

六、总体服务需求的影响因素分析

以总体服务需求得分为因变量，以性别、文化程度、婚姻状况、居住方式、认知得分、ADL 得分、生命质量得分等为自变量建立多元线性回归方程。结果显示，D—W 检验值＝1.583，可以认为各变量之间无自相关性，模型检验 $F=4.738$、$P=0.000$，说明该模型有统计学意义，自变量与因变量之间有线性关系；共线性诊断发现，容忍度均大于 0.6 且 VIF 取值小于 1.6，说明该模型不存在多元共线性问题。通过标准化残差概率图显示发现，散点围绕在对角线附近，基本满足正态性的条件。

回归方程模型：总体服务需求＝203.51+18.517* 婚姻状况＋0.919*ADL 得分 −37.090* 生命质量得分。

该回归模型结果显示，老年人的总体服务需求情况与老年人的婚姻状况、ADL 得分呈正相关，说明已婚的老年人比其他婚姻状况的老年人的护理服务需求要低，ADL 得分越高，对该方面的需求越高；生命质量得分与总体服务需求得分呈负相关，说明生命质量越差，总体服务需求越高，如表 4−41 所示。

表 4−41　老年人总体服务需求影响因素的多元线性回归分析

模型	B	标准误	*t*	*P*	共线性诊断	
					TOL	VIF
常量	203.251	37.205	5.463	0.000		
婚姻状况	18.517	5.053	3.664	0.000	0.802	1.247
ADL 得分	0.919	0.344	2.674	0.008	0.649	1.542
生命质量得分	−37.090	9.387	−3.951	0.000	0.740	1.351

第五章

城市社区养老服务供给及影响因素分析

养老服务供给或称养老服务支持，是老年人养老服务需求得以实现的基本前提（李丹，2022）。养老服务供给是指老年人自己及其家人、亲朋、邻居，以及社区、政府、企业和非营利组织等向老年人提供日常生活照料、疾病护理、身体康复、心理或精神慰藉等服务及情感支持的过程。与一般产品和服务的供给一样，养老服务供给既有量和质的要求，也有结构比例的要求，在强调客户和市场需求导向的情况下，及时生产和提供足量、高品质及层次化、多样化的养老服务，是满足老年人生存、生活和发展需求，确保老年人安享晚年的必要条件。通常来讲，养老服务供给的量和质既受社会经济发展水平特别是家庭和社会所具有的服务供给能力影响，也受体制和制度、文化和伦理道德以及人们的价值观念等因素左右。接下来，我们将着重探讨中国城市社区养老服务的供给问题。

第一节　城市社区养老服务供给现状

一、养老服务供给主体

从社会学角度来讲，养老服务供给主体通常可分为非正式主体和正式主体两类。正式主体包括政府、社会（包括企业、非营利组织和志愿者等）和社区；非正式主体主要包括家庭、邻里和亲朋等，而社会学上通常将这两类供给主体称为正式和非正式社会支持网络（李姗姗，2022）。目前，在大多数城市，不仅社区养老服务发展滞缓甚至仍然是空白，而且社区基层组织形同虚设，根本未发挥或发挥不了其应有的作用，社区基本公共服务未得到或无法得到落实，依靠家庭和子女养老仍然是最普遍的养老服务形式，邻里、亲朋更多是起到辅助或帮衬作用，养老机构的服务人群主要局限于“五保”老人和少数有经济支付能力的老人。也就是说，虽然从理论上讲老年人的养老服务供给是多主体、多支持网络的，但现实中，由于20世纪80年代以来社区基层组织的快速衰落，特别是政府对社区组织和社区建设的培育和支持不足（陈玲，2022），因此目前中国大多数城市社区并不具备提供社区养老服务的基本条件和能力，而养老服务机构因数量少、惠及面窄、服务能力弱和服务质量不高，加之社会和老年人对机构养老有着强烈的观念和心理排斥感，难以在城市养老服务供给中发挥支撑或主导作用。基于此，多数家庭在向社区和社会求助无望的情况下不得不独自担负起养老服务供给的重要责任。然而，问题在于，随着家庭规模小型化、子女数量减少、“孝道”价值观沦丧以及劳动力人口大量外流，家庭的养老功能自20世纪70年代即已呈现出快速弱化趋势，家庭养老社会资本的衰零对家庭养老服务供给造成了严重影响和制约。

二、社区养老服务供给面临的困境和存在的问题

养老服务是一项涉及老年人日常生活照料、疾病护理和身体康复、心理或精神慰藉等服务及情感支持的综合性活动（邓沛琦，2021）。在现代社会，养老服务的供给需要老年人及其家庭、邻里、亲朋等非正式社会支持网络与政府、社会（包括企业、非营利组织、志愿者等）和社区等正式社会支持网络间的相互配合，以取长补短。然而，快速的社会变迁，持续40多年的计划生育政策，以及迅猛的经济体制转型，在引起家庭利益分化、家庭规模小型化、子女孝养意识淡化、社会孝文化衰落，以及利己主义、享乐观念迅速膨胀的同时，也动摇了家庭养老的根基，使传

统意义上的家庭养老变得越来越不可靠，甚至不再可能。与此同时，发展迟缓甚至迟滞的社区和社会养老一时又无法填补家庭养老功能弱化所形成的养老服务供给空缺，从而导致目前城市养老服务供给面临着“上不着天（社会养老），下不着地（家庭养老）”的尴尬境地。

（一）社区养老服务供给相对不足

如前文所述，社区养老服务是以家庭为核心、以社区为依托，依靠专业化的服务，为经济和生活自理困难的居家老年人提供以生活照料等为主要内容的社会化服务。社区养老是指养老资源从由家庭提供向由社区提供的转化过程及由这一过程所产生的结果（马嘉慧，2021）。社区养老强调养老的经济责任由家庭和社区（主要是政府）分担，它既可以消解单纯家庭养老可能导致的家庭负担过重问题，也可以避免单纯社会养老造成的政府负担过重问题，能够一定程度上分化家庭和政府的养老负担。社区养老服务作为社会化养老的主要内容之一，既不回避家庭在养老服务供给中的基础地位，也不回避社区和社会在养老服务供给方面对家庭养老的补充作用甚至可能的替代作用。从社会化养老服务来看，家庭与社区、社会的相互配合和有机结合，是解决家庭养老服务功能弱化趋势下养老问题的有效途径，但从目前的情况来看，传统经济社会体制甚至现代经济社会体制下社会福利政策的制度性歧视，不仅严重影响到养老服务体系建设，而且制约了城市社区养老服务业的成长和发展，造成家庭养老服务功能弱化趋势下社区养老服务严重“缺位”的窘境（李振坤，2021）。

（二）城市社区养老服务资源未得到有效利用

养老服务是一个涉及日常生活照料、疾病护理和身体康复、心理和精神慰藉等多方面的服务和情感支持的过程，因此养老服务资源既涉及财力和物力资源，也涉及人力和组织资源（曹均学，2021）。城市有着较为富足的场地资源和人力资源，然而这些资源目前大多处于闲置状态，要想使之在城市社区养老服务供给中发挥效用，首先就需要按照城市社区养老服务发展规划要求对其进行整合与开发利用，以发挥其在城市社区养老服务中的作用。由此可见，目前摆在我们面前的首要任务是改善和提高基层组织号召、整合、开发和优化配置养老服务资源的能力，同时通过制度、政策、资金、技术等的支持与扶持，引导城镇社区间协作发展的养老服务社会化道路，从根本上扭转和改变目前养老服务供给严重不足的状况。

（三）服务供给方和供给模式单一

多主体、多层次、多样化的服务供给是满足老年人各方面养老需求的前提条件（童云霄，2022）。长期以来，由于社会化养老服务在城市并未得到有效培育和发展，城市老年人的生活照料、疾病护理和精神慰藉等主要靠家庭、政府民政部门承担，且偏重于物质性供给和基本生活照料，以满足他们的衣、食、住、医等基本需求为上，因此也就决定了养老服务社会或社区供给的局限性，大多数老年人很少或根本无权享有政府和集体提供的养老服务。与基本公共服务供给能力不足或缺乏形成鲜明对比的是，近20多年来空巢、独居、高龄和失能老年人数量却在逐年增加，养老服务的需求数量、需求层次和类型等也随着家庭经济能力、老年人文化程度等的提高而在不断变化，单一的养老服务供给主体和供给模式已难以满足和应付老年人不断变化和增长的养老服务需求，加大对城市社区养老服务的扶持力度、加快城市养老服务基础设施建设、加速推进城市养老服务社会化进程，显得更加迫切和必要。

第二节　社区养老服务项目的提供情况及供需差异性比较

随着人口老龄化的不断加剧以及老年人健康服务需求量和需求层次的不断增加，全方位、精准地提供多元化社区健康服务项目，满足不同层次老年人身心健康需求，提高老年人生活质量，是摆在我们面前迫切需要解决的问题。《中国老龄事业发展报告（2013）》中指出，目前国内老年健康服务存在发展不平衡、供应匮乏、“瞄准机制”欠缺、政府定位不清、老年政策零散等问题（王雯，2010），严重影响了老年健康服务项目整体服务能力的提升，阻碍了老年健康服务的可持续发展。本研究通过调查了解山东省城市社区养老服务项目供给现状，从护理人员的角度分析社区老年健康服务项目供给的影响因素，为政策制定者与决策者进行社区老年健康服务模式再设计与优化提供理论与实践参考。

一、调查对象及内容

采用分层随机抽样方法，首先按照经济文化状况把山东省 17 地市分为发达、中等、欠发达三个层级；每层随机抽取 1 个地市，共抽取 3 个地市；每个地市按经济状况分层随机抽取 2 个县（区），每个县（区）随机抽取 2 所社区卫生服务中心（站），共抽取 12 所社区卫生服务中心（站）；从抽取的社区卫生服务中心（站）所辖社区中随机抽取年龄≥60 岁的老年人作为问卷调查对象，同时将 12 所社区卫生服务中心（站）的所有卫生管理人员、医护人员作为深入访谈和问卷调查对象。调查老年健康服务项目的实际供给及供给程度差异（项目供给程度差异 = 护理人员对服务项目提供程度的评分 − 老年人对于各项服务提供程度的评分）。

依据课题前期研究，运用 IDEF0 模型在理论层面上将老年人健康服务分为健康促进（13 项）、疾病预防（8 项）、疾病护理（11 项）、生活照料（9 项）、精神慰藉（8 项）5 类、共 49 个子项目，采用李克特量表（Likert scale）5 级评分法对实际提供项目进行评分，各项目均分“非常不同意”“不同意”“不一定”“同意”“非常同意”5 种回答，分别记为 1 分、2 分、3 分、4 分、5 分，健康促进维度得分范围为 13～65 分，疾病预防维度得分范围为 8～40 分，疾病护理维度得分范围为 11～55 分，生活照料维度得分范围为 9～45 分，精神慰藉维度得分范围为 8～35 分，总得分范围为 49～245 分。

二、社区医护人员基本情况

本次调查的 228 名社区医护人员，年龄最小的 18 岁，最大的 60 岁，平均年龄（34.34±9.566）岁，其中小于 25 岁的 43 人（18.9%），25～34 岁的 92 人（40.4%），35～44 岁的 61 人（26.8%），≥45 岁的 32 人（14.0%），主要集中在 25～44 岁。初级职称者 146 人（64.0%），所占比例最高；中级职称者 67 人（29.4%）；高级职称者 15 人（6.6%）。中专及以下学历者 30 人（13.2%）；大专学历者 128 人（56.1%），占比最高；本科及以上学历者 70 人（30.7%）。聘用类型大多数为合同制，有 166 人（72.8%），正式员工仅有 62 人（27.2%）。社区工作年限少于 1 年的 26 人（11.4%），工作年限 1～2 年的 53 人（23.2%），工作年限 3～4 年的 26 人（11.4%），工作年限≥5 年的 123 人（53.9%），有将近一半的社区医护人员在社区工作不足 5 年。社区工作之前，有 165 人（72.4%）在公立医院工作，毕业后直接到社区工作的护理人员仅有 63 人（27.6%）。培训时间上，半年内有 73 人（32.0%）从未接受培训，90 人（39.5%）培训时间少于 10 小时，49 人（21.5%）培训时间为 10～49 小时，培训时间大于等于 50 小时的社区护理人员仅有 16 人（7.0%）。社区医护人员自评的工作满意度，对目前工作现状感到满意的有 114 人（50.0%），感觉一般的有 99 人（43.4%），感到不满意的有 15 人（6.6%），如表 5–1 所示。

表 5–1　社区医护人员基本情况（$n=228$）

项目	组别	人数（人）	构成比（%）
年龄（岁）	＜ 25	43	18.9
	25～34	92	40.4
	35～44	61	26.8
	⩾ 45	32	14.0
职称	初级	146	64.0
	中级	67	29.4
	高级	15	6.6
学历	中专及以下	30	13.2
	大专	128	56.1
	本科及以上	70	30.7
聘用类型	正式	62	27.2
	合同	166	72.8
社区工作年限（年）	＜ 1	26	11.4
	1～2	53	23.2
	3～4	26	11.4
	⩾ 5	123	53.9
社区之前工作	公立医院	165	72.4
	毕业后直接到社区工作	63	27.6

续表

项目	组别	人数（人）	构成比（%）
培训时间（小时）	未参加培训	73	32.0
	< 10	90	39.5
	10～49	49	21.5
	⩾ 50	16	7.0
工作满意度	满意	114	50.0
	一般	99	43.4
	不满意	15	6.6

三、社区护理服务供给的总体情况

本次调查涉及老年人3个维度共39个条目的社区护理服务供给（0~22分），老年人社区护理服务供给处于低等水平（6.60±4.262）分，各条目得分从高到低依次是疾病预防（2.42±1.425）分、健康促进（2.28±1.710）分、疾病护理（1.90±1.127）分，如表5–2所示。

表5–2　社区护理服务供给总体情况

项目	条目数	得分范围	得分
健康促进	8	0～8	2.28±1.710
疾病预防	7	0～7	2.42±1.425
疾病护理	7	0～7	1.90±1.127
供给总分	22	0～22	6.60±4.262

（一）老年人社区护理服务项目供给的分布情况

本次老年人社区护理供给调查中，社区护理供给项目按供给比例排在前六位的依次是定期健康评估（92.5%）、一般疾病护理（89.5%）、营养与饮食（82.9%）、运动锻炼（54.5%）、慢性疾病预防宣教（40.1%）、老年综合征护理（36.0%），如表 5–3 所示。

表 5–3　老年人社区护理服务项目供给的分布情况

类别	项目	供给		未供给	
		人数（人）	构成比（%）	人数（人）	构成比（%）
健康促进	营养与饮食	2788	82.9	575	17.1
	运动锻炼	1832	54.5	1531	45.5
	睡眠与休息	1180	35.1	2183	64.9
	健康知识宣教	369	11.0	2994	89.0
	家庭及个人卫生	409	12.2	2954	87.8
	环境卫生	296	8.8	3067	91.2
	行为与安全	461	13.7	2902	86.3
	心理问题疏导	322	9.6	3041	90.4
疾病预防	定期健康评估	3112	92.5	251	7.5
	社区卫生诊断（协助）	480	14.3	2883	85.7
	慢性疾病预防宣教	1347	40.1	2016	59.9
	传染病预防宣教	430	12.8	2933	87.2
	自我健康监测指导	1127	33.5	2236	66.5
	预防接种	524	15.6	2839	84.4
	建档信息动态管理	1114	33.1	2249	66.9

续表

类别	项目	供给		未供给	
		人数（人）	构成比（%）	人数（人）	构成比（%）
疾病护理	一般疾病护理	3010	89.5	353	10.5
	老年综合征护理	1209	36.0	2154	64.0
	慢性疾病护理	457	13.6	2906	86.4
	社区紧急救护	594	17.7	2769	82.3
	残障老人康复护理	158	4.7	3205	95.3
	失能老人长期护理	586	17.4	2777	82.6
	中医护理	386	11.5	2977	88.5

（二）不同生命质量老年人社区护理服务项目供给情况

将老年人 EQ−5D 5 个维度总得分进行分层：5 分是“没有问题”；大于 5 分“存在中度问题”以及“存在严重问题”合并为“有问题”，分别统计两层老年人对社区护理服务项目的需求情况。

从表 5−4 至表 5−6 可以看出，在健康促进方面，“没有问题”和“有问题”老年人得到的社区护理服务供给项目排在前三位的是营养与饮食、运动锻炼、睡眠与休息，在构成比上存在差异；在疾病预防方面，“没有问题”和“有问题”老年人得到的社区护理服务供给项目排在前三位的是定期健康评估、慢性疾病预防宣教、自我健康监测指导；在疾病护理方面，“没有问题”和“有问题”老年人得到的社区护理服务供给项目排在前三位的是一般疾病护理、老年综合征护理和社区紧急救护。

表 5-4　不同生命质量老年人健康促进护理服务项目供给分布情况

项目	没有问题人数（人）	构成比（%）	有问题人数（人）	构成比（%）	合计（%）
营养与饮食	1352	83.0	1436	82.8	82.9
运动锻炼	837	51.4	995	57.3	54.5
睡眠与休息	388	23.8	792	45.6	35.1
健康知识宣教	105	6.4	264	15.2	11.0
家庭及个人卫生	161	9.9	248	14.3	12.2
环境卫生	102	6.3	194	11.2	8.8
行为与安全	164	10.1	29	17.1	13.7
心理问题疏导	88	5.4	234	13.5	9.6

表 5-5　不同生命质量老年人疾病预防护理服务项目供给分布情况

项目	没有问题人数（人）	构成比（%）	有问题人数（人）	构成比（%）	合计（%）
定期健康评估	1501	92.9	1611	92.9	92.5
社区卫生诊断（协助）	196	12.0	284	16.4	14.3
慢性疾病预防宣教	525	32.2	822	47.4	40.1
传染病预防宣教	192	11.9	236	13.6	12.8
自我健康监测指导	520	31.9	607	35.0	33.5
预防接种	187	11.5	337	19.4	15.6
建档信息动态管理	449	27.6	665	38.3	33.1

表 5-6　不同生命质量老年人疾病护理服务项目供给分布情况

项目	没有问题人数（人）	构成比（%）	有问题人数（人）	构成比（%）	合计（%）
一般疾病护理	1453	89.3	1557	89.7	89.5
老年综合征护理	568	34.9	641	36.9	36.0
慢性疾病护理	194	11.9	263	15.2	13.6
社区紧急救护	316	19.4	278	16.0	17.7
残障老人康复护理	63	3.9	95	5.5	4.7
失能老人长期护理	233	14.3	353	20.3	17.4
中医护理	144	8.8	242	13.9	11.5

社区护理服务总体供给排在前六位的依次是定期健康评估、一般疾病护理、营养与饮食、运动锻炼、慢性疾病预防宣教、老年综合征护理，两个层级的老年人护理服务供给呈现出一致性，并没有因为健康状况不同而呈现出很大差异，前六位护理服务供给集中于健康促进和疾病预防维度。

（三）不同生活自理能力老年人社区护理服务供给情况

将 ADL 总得分进行分层：等于 14 分是“完全自理”，大于 14 分是“不同程度受损”，分别统计两个层级老年人对社区护理服务项目的需求情况。

从表 5-7 至表 5-9 可以看出，在健康促进方面，生活完全自理的老年人和身体受损老年人社区护理服务供给排在前三位的均是营养与饮食、运动锻炼、睡眠与休息；在疾病预防方面，生活完全自理的老年人社区护理服务供给排在前三位的是定期健康评估、建档信息动态管理、慢性疾病预防宣教，身体受损老年人社区护理服务供给排在前三位的依次是定期健康评估、慢性疾病预防宣教、自我健康监测指导；在疾病护理方面，生活完全自理的老年人和身体受损老年人社区护理服务供给排在前三位的均是一般疾病护理、老年综合征护理、社区紧急救护。

表 5-7　不同生活自理能力老年人健康促进护理服务供给项目分布情况

项目	完全自理人数（人）	构成比（%）	不同程度受损人数（人）	构成比（%）	合计（%）
营养与饮食	722	85.5	2066	82.0	82.9
运动锻炼	371	44.0	1461	58.0	54.5
睡眠与休息	206	24.4	974	38.7	35.1
健康知识宣教	35	4.1	334	13.3	11.0
家庭及个人卫生	39	4.6	370	14.7	12.2
环境卫生	30	3.6	266	10.6	8.8
行为与安全	81	9.6	380	15.1	13.7
心理问题疏导	60	7.1	262	10.4	9.6

表 5-8　不同生活自理能力老年人疾病预防护理服务供给项目分布情况

项目	完全自理人数（人）	构成比（%）	不同程度受损人数（人）	构成比（%）	合计（%）
定期健康评估	768	91.0	2344	93.1	92.5
社区卫生诊断（协助）	81	9.6	399	15.8	14.3
慢性疾病预防宣教	225	26.7	1122	44.5	40.1
传染病预防宣教	45	5.3	385	15.3	12.8
自我健康监测指导	171	20.3	956	38.0	33.5
预防接种	105	12.4	419	16.6	15.6
建档信息动态管理	268	31.8	846	33.6	33.1

表 5-9　不同生活自理能力老年人疾病护理服务供给项目分布情况

项目	完全自理人数（人）	构成比（%）	不同程度受损人数（人）	构成比（%）	合计（%）
一般疾病护理	789	93.5	2221	88.2	89.5
老年综合征护理	280	33.2	929	36.9	36.0
慢性疾病护理	66	7.8	391	15.5	13.6
社区紧急救护	123	14.6	471	18.7	17.7
残障老人康复护理	21	2.5	137	5.4	4.7
失能老人长期护理	83	9.8	5.3	20.0	17.4
中医护理	49	5.8	337	13.4	11.5

社区护理服务总体供给排在前六位的依次是定期健康评估、一般疾病护理、营养与饮食、运动锻炼、慢性疾病预防宣教、老年综合征护理；生活自理能力不同程度受损的老年人在定期健康评估、运动锻炼、慢性疾病预防宣教、老年综合征护理服务项目供给上的需要明显高于生活完全自理的老年人。

四、社区老年健康服务项目提供情况及供需差异性比较

在社区健康服务机构提供的五大服务项目中，老年人对每个维度项目提供程度的评价得分与护理人员的评价得分之间的差异均有统计学意义（$p < 0.05$），护理人员的评价得分均高于老年人的评价得分。经专家咨询和专题小组讨论，将社区老年健康服务项目提供程度按照护理人员评分分为高（总分≤ 122.5 分）和低（总分＞ 122.5 分）两个层级。其中 138 名护理人员评分较高，占 60.53%；684 名老年人评分较高，占 56.62%。按平均分对各个维度进行排序可知，护理人员认为健康服务项目提供程

度较高的是健康促进、生活照料和疾病预防，老年人认为健康服务项目提供程度较高的是健康促进、生活照料和精神慰藉（见表 5–10）。老年人对每个项目提供程度的评价得分与护理人员的评价得分差异 t 检验分析结果（见表 5–11），在健康促进维度 8 个项目、疾病预防维度 4 个项目、疾病护理维度 8 个项目、生活照料维度 4 个项目、精神慰藉维度 5 个项目共 29 个项目上，护理人员的评价得分和老年人的评价得分之间的差异有统计学意义（$p < 0.05$），护理人员的评价得分均高于老年人的评价得分。

表 5–10　社区老年健康服务项目提供程度及差异比较（±S）

项目	护理人员评分		老年人评分		评价得分差异性比较	
	总分	平均分	总分	平均分	t	p
健康促进	47.79±7.59	3.67±0.45	45.64±8.75	3.57±0.61	2.79	0.005
疾病护理	37.52±5.04	3.46±0.41	35.88±6.75	3.23±0.54	2.94	0.003
疾病预防	28.19±5.37	3.56±0.52	26.89±7.56	3.35±0.63	2.15	0.031
生活照料	32.36±4.62	3.58±0.64	31.05±6.47	3.45±0.78	2.48	0.013
精神慰藉	28.38±3.72	3.52±0.36	27.24±6.12	3.41±0.76	2.39	0.017
总分	174.52±11.15	3.55±0.50	166.58±9.42	3.38±0.50	8.20	0.000

表 5-11　社区老年健康服务项目提供程度及老年人认可度得分差异比较（$\pm S$）

维度	项目	护理人员评分	老年人评分	t	p
健康促进	营养饮食指导	3.86±0.67	3.72±0.42	2.57	0.019
	合理运动锻炼指导	3.89±0.65	3.79±0.52	1.71	0.086
	睡眠和休息指导	3.82±0.74	3.54±0.43	4.82	0.000
	控制体重指导	3.72±0.79	3.65±0.34	1.08	0.278
	正确排尿与排便指导	3.53±0.84	3.21±0.47	5.37	0.000
	建立健康档案	4.02±0.66	3.98±0.51	0.75	0.449
	健康知识宣教	3.90±0.71	3.62±0.52	5.02	0.000
	家庭及自我卫生指导	3.61±0.80	3.48±0.37	2.26	0.024
	环境卫生指导	3.34±0.94	3.31±0.31	0.48	0.628
	合理使用保健用品指导	3.30±0.96	3.12±0.27	2.68	0.007
	行为安全知识指导	3.44±0.93	3.38±0.62	0.83	0.402
	热线电话健康咨询	3.63±0.89	3.42±0.44	2.85	0.005
	家庭急救技术和知识指导	3.39±0.90	3.21±0.31	2.35	0.019
疾病预防	预防接种	3.76±0.77	3.68±0.61	1.05	0.292
	定期体检	3.95±0.68	3.62±0.51	4.50	0.000
	随访病原携带者和接触者	2.96±0.90	2.78±0.54	2.41	0.016
	传染病的预防就医指导	3.04±0.91	2.96±0.32	1.02	0.305
	健康监测指导	3.89±0.95	3.65±0.44	3.25	0.002
	健康信息动态管理	3.56±0.84	3.43±0.52	1.81	0.072
	社区义诊护理	3.63±0.90	3.41±0.52	2.87	0.004
	协助社区卫生诊断	3.37±0.99	3.32±0.75	0.66	0.528

续表

维度	项目	护理人员评分	老年人评分	t	p
疾病护理	一般疾病护理	4.01±0.72	3.81±0.62	3.08	0.002
	老年常见慢性疾病长期护理	3.93±0.68	3.76±0.54	2.57	0.012
	传染病护理	3.21±0.80	3.18±0.44	0.36	0.714
	精神疾病护理	2.73±0.93	2.68±0.31	0.70	0.484
	上门基础护理	3.55±0.71	3.21±0.37	5.42	0.000
	家庭病床服务	3.34±0.82	3.16±0.31	3.10	0.002
	安全用药指导	3.77±0.68	3.58±0.64	3.16	0.002
	心理护理	3.35±0.90	3.14±0.27	3.56	0.001
	康复护理和指导	3.18±0.85	3.02±0.21	2.82	0.005
	定期随访	3.68±0.73	3.56±0.54	2.07	0.038
	临终护理	2.71±0.79	2.68±0.32	0.62	0.513
生活照料	个人清洁卫生服务	4.28±0.47	4.19±0.32	1.42	0.154
	衣着服务	3.29±0.35	3.18±0.33	1.75	0.082
	修饰服务	3.52±0.54	3.31±0.43	3.60	0.001
	饮食服务	3.98±0.76	3.89±0.65	1.58	0.115
	如厕服务	3.53±0.34	3.42±0.43	1.82	0.068
	口腔清洁服务	3.62±0.36	3.56±0.43	0.97	0.327
	皮肤清洁服务	3.23±0.21	3.01±0.32	3.76	0.001
	压疮预防	3.43±0.60	3.28±0.57	2.19	0.028
	便溺护理	3.36±0.64	3.21±0.34	2.03	0.035

续表

维度	项目	护理人员评分	老年人评分	*t*	*p*
精神慰藉	设立心理健康服务室	3.71±0.51	3.64±0.58	1.33	0.181
	建立心理健康档案	3.63±0.54	3.45±0.44	3.62	0.001
	心理健康知识宣教活动	3.71±0.61	3.54±0.50	3.48	0.001
	心理咨询服务	3.67±0.22	3.56±0319	1.66	0.096
	团体互动活动	3.55±0.81	3.39±0.40	2.42	0.015
	心理疾病的筛查	3.33±0.52	3.14±0.33	2.99	0.003
	心理危机干预	3.35±0.51	3.20±0.41	2.20	0.028
	心理治疗	3.36±0.71	3.28±0.21	1.54	0.128

五、讨论与建议

（一）社区护理人员基本情况

本次研究共调查228名社区护理人员，年龄最小的18岁，最大的60岁，其中35岁以下护理人员占59.3%，护理人员年龄结构呈现出年轻化的特点，与杭州市（张滢，2014）的社区护理人员年龄水平较为一致。社区护理人员学历以中专、大专为主，占69.3%，本科学历占30.7%，高于我国社区中心护理人员队伍中大专学历占10%的平均水平（梁艳梅，2017）。根据相关统计显示，美国社区护理人员中44.3%拥有本科以上学历，到21世纪初，拥有硕士及以上学位者占比为11.6%（黄小新，2017）。

结果显示，山东省社区护理人员目前以临床护理人员转型为主，有72.4%的护理人员曾是临床护理人员，毕业后直接在社区工作的护理人员仅占 27.6%。临床转型的社区护理人员虽然具备较高的临床护理技术，然而其从事社区护理工作的时间较短，欠缺老年护理学的相关知识及经验，护理理念有时还停留在临床层面（唐娜，2015），在服务对象、工作侧重点、护理观点、知识技能等方面与社区护理人员存在较大差异。合同雇佣制护理人员占据 72.8% 的比例，仅有 50% 的社区护理人员表示对社区护理工作感到满意。因为合同雇佣导致工作无法稳定下来，同时工作条件与环境等与公立医疗单位的临床护理人员对比差异明显，让社区护理人员容易产生离职的想法（黄小新，2017）。很多社区护理人员为追求更好的工作环境和晋升空间，往往会选择离开社区卫生服务中心，转向医院工作。

调查发现，社区护理人员进修和培训机会较少，32% 的社区护理人员表示在半年内从未参加过培训，仅有 7% 的护理人员表示半年内接受培训的时间大于 50 小时。培训的缺乏导致社区护理人员对各种社区护理发展新趋向未能准确把握，难以接纳新理论，缺少整体性的社区护理工作思想，培训的内容大多数是临床技能和疾病护理方面的技能，很少涉及对社区老年人开展健康教育及健康促进能力方面的内容，尤其是缺乏针对老年人精神慰藉方面的培训，缺乏对老年人这一特殊群体的关注，不利于开展专门的老年健康服务。

（二）社区老年健康服务项目提供情况

在社区健康服务机构提供的五大类 49 个服务项目中，护理人员评分均高于老年人评分，其中在 29 个项目上的差异有统计学意义。由护理人员评分可知，在健康促进维度中，得分最高、提供程度最高的前三项为建立健康档案、健康知识宣教、合理运动锻炼指导，提供程度最差的三项为家庭急救技术和知识指导、环境卫生指导、合理使用保健用品指导。社区卫生服务机构需要加强对社区护理人员开展健康教育能力的培训，使之能够向老年人提供更为全面的健康教育指导，尤其是在老年人自行学习难度较大、认知存在较大误区的家庭急救技术和知识指导、环境卫生指导、合理使用保健用品指导这三个方面。

在疾病预防维度中提供程度排名前三位的是定期体检、健康监测指导、预防接种，提供程度最差的是协助社区卫生诊断、传染病的预防就医指导、随访病原携带者和接触者。社区卫生服务中心基本能够做到电话通知老年人体检，预防接种，每周提供免费的健康监测指导，但是在协助医生进行社区卫生诊断以及传染病的预防方面，社区护理人员相关知识掌握程度较低，服务项目的提供程度不高，需要加强这方面的服务能力培训。

在疾病护理维度中提供程度最高的三项是一般疾病护理、老年常见慢性疾病长期护理、安全用药指导，提供程度最差的项目为康复护理和指导、精神疾病护理、临终护理。原因可能是社区缺乏康复设备，护理人员缺少康复知识；社区老年护理服务更多是停留在临床疾病护理的层面，大多数护理人员对于精神疾病护理、临终护理等理念比较先进的社区护理服务项目较为陌生。

在生活照料维度中提供程度最高的三项是个人清洁卫生服务、饮食服务、口腔清洁服务，提供程度最差的项目为皮肤清洁服务、衣着服务、便溺护理。社区卫生服务机构需要加强对社区护理人员开展老年卫生护理能力的培训，进一步提高对老年人便溺、压疮等预防的正确认知，使之能够向老年人提供全面的生活照料，提高老年人的生活质量。

在精神慰藉维度中提供程度最高的三项是心理健康知识宣教活动、建立心理健康服务室、心理咨询服务，提供程度最差的项目为心理疾病的筛查、心理危机干预、心理治疗。社区护理人员应加强心理疾病筛查的知识技能，采取积极有效的心理干预措施，帮助老年人改变不良生活行为和方式，及时开展老年人心理咨询服务，帮助老年人保持身心健康，提高老年人的生存质量。

第三节　城市社区养老服务供给的影响因素分析

社区卫生服务机构作为社区老年人卫生服务的提供机构，由于其具有公益性，比养老院等养老机构更容易受到老年人的信任，可以让社区中的老年人就近享受到方便、快捷、及时的社区卫生服务，更加贴近老年人的现实需求。本研究在查阅国内外相关文献资料的基础上，结合我国城市社区养老服务的现状，分析社区养老服务的提供状况及影响因素，根据发现的问题，为社区养老服务工作提出意见，进一步提高社区护理人员的素质，完善社区养老服务项目内容，改善目前的社区养老服务提供状况，从而推动城市社区养老服务的健康发展。

一、社区养老服务项目提供程度单因素分析

将社区护理人员的年龄、职称、学历、聘用类型、社区工作年限、社区之前工作单位、培训时间、综合能力、工作满意度情况进行卡方检验。

在健康促进维度，不同年龄、职称、学历、聘用类型、社区工作年限、工作满意度，社区养老服务项目提供程度差异有统计学意义（$P<0.05$），结果如表 5-12 所示。

表 5-12　健康促进维度社区养老服务项目提供程度单因素分析

变量	提供程度（%）			χ^2	p
	组别	高	低		
年龄（岁）	＜25	26（11.4）	17（7.5）	22.140	0.000
	25～34	68（29.8）	24（10.5）		
	35～44	54（23.7）	7（3.1）		
	≥45	32（14.0）	0（0.0）		

续表

变量	提供程度（%）			χ^2	p
	组别	高	低		
职称	初级	107（46.9）	39（17.1）	8.029	0.018
	中级	59（25.9）	8（3.5）		
	高级	14（6.1）	1（0.4）		
学历	中专及以下	18（7.9）	12（5.3）	9.309	0.010
	大专	101（44.3）	27（11.8）		
	本科及以上	61（26.8）	9（3.9）		
聘用类型	正式	123（53.9）	43（18.9）	8.643	0.003
	合同	57（25.0）	5（2.2）		
社区工作年限（年）	＜1	13（5.7）	13（5.7）	20.070	0.000
	1～2	38（16.7）	15（6.6）		
	3～4	23（10.1）	3（1.3）		
	≥5	106（46.5）	17（7.5）		
社区之前工作	公立医院	133（58.3）	32（14.0）	0.988	0.320
	毕业后直接到社区工作	47（20.6）	16（7.0）		
培训时间（小时）	未参加培训	54（23.7）	19（8.3）	3.123	0.373
	＜10	76（33.3）	14（6.1）		
	10～49	37（16.2）	12（5.3）		
	≥50	13（5.7）	3（1.3）		

续表

变量	提供程度（%）			χ^2	p
	组别	高	低		
综合能力	好	17（7.5）	3（1.3）	4.344	0.114
	中	131（57.5）	30（13.2）		
	差	32（14.0）	15（6.6）		
工作满意度	满意	100（43.9）	14（6.1）	11.632	0.003
	一般	71（31.1）	28（12.3）		
	不满意	9（3.9）	6（2.6）		

在疾病预防维度，不同职称、工作满意度，社区养老服务项目提供程度差异有统计学意义（$p < 0.05$）。结果如表 5–13 所示。

表 5–13　疾病预防维度社区养老服务项目提供程度单因素分析

变量	提供程度（%）			χ^2	p
	组别	高	低		
年龄（岁）	< 25	37（16.2）	6（2.6）	3.46	0.326
	25～34	78（34.2）	14（6.1）		
	35～44	56（24.6）	5（2.2）		
	⩾ 45	25（11.0）	7（3.1）		
职称	初级	128（56.1）	18（7.9）	14.305	0.001
	中级	60（26.3）	7（3.1）		
	高级	8（3.5）	7（3.1）		

续表

变量	提供程度（%）			χ^2	p
	组别	高	低		
学历	中专及以下	29（12.7）	1（0.4）	4.972	0.083
	大专	111（48.7）	17（7.5）		
	本科及以上	56（24.6）	14（6.1）		
聘用类型	正式	144（63.2）	22（9.6）	0.309	0.578
	合同	52（22.8）	10（4.4）		
社区工作年限（年）	< 1	21（9.2）	5（2.2）	5.079	0.166
	1～2	45（19.7）	8（3.5）		
	3～4	26（11.4）	0（0.0）		
	⩾ 5	104（45.6）	19（8.3）		
社区之前工作	公立医院	143（62.7）	22（9.6）	0.244	0.622
	毕业后直接到社区工作	53（23.2）	10（4.4）		
培训时间（小时）	未参加培训	64（28.1）	9（3.9）	3.365	0.339
	< 10	73（32.0）	17（7.5）		
	10～49	45（19.7）	4（1.8）		
	⩾ 50	14（6.1）	2（0.9）		
综合能力	好	17（7.5）	3（1.3）	2.724	0.256
	中	142（62.3）	19（8.3）		
	差	37（16.2）	10（4.4）		

续表

变量	提供程度（%）			χ^2	p
	组别	高	低		
工作满意度	满意	95（41.7）	19（8.3）	13.016	0.001
	一般	92（40.4）	7（3.1）		
	不满意	9（3.9）	6（2.6）		

在疾病护理维度，不同年龄、职称、社区之前工作、综合能力、工作满意度，社区养老服务项目提供程度差异有统计学意义（$P < 0.05$）。结果如表 5–14 所示。

表 5–14　疾病护理维度社区养老服务项目提供程度单因素分析

变量	提供程度（%）			χ^2	p
	组别	高	低		
年龄（岁）	＜ 25	35（15.4）	72（31.6）	14.625	0.002
	25～34	72（31.6）	20（8.8）		
	35～44	59（25.9）	2（0.9）		
	⩾ 45	31（13.6）	1（0.4）		
职称	初级	119（52.2）	27（11.8）	8.335	0.015
	中级	64（28.1）	3（1.3）		
	高级	14（6.1）	1（0.4）		
学历	中专及以下	28（12.3）	2（0.9）	1.707	0.426
	大专	108（47.7）	20（8.8）		
	本科及以上	61（26.8）	9（3.9）		

续表

变量	提供程度（%）			χ^2	p
	组别	高	低		
聘用类型	正式	141（61.8）	25（11.0）	1.113	0.291
	合同	56（24.6）	6（2.6）		
社区工作年限（年）	＜1	23（10.1）	3（1.3）	1.827	0.609
	1～2	44（19.3）	9（3.9）		
	3～4	21（9.2）	5（2.2）		
	≥5	109（47.8）	14（6.1）		
社区之前工作	公立医院	151（66.2）	14（6.1）	13.281	0.000
	毕业后直接到社区工作	46（20.2）	17（7.5）		
培训时间（小时）	未参加培训	62（27.2）	11（4.8）	3.203	0.361
	＜10	75（32.9）	15（6.6）		
	10～49	46（20.2）	3（1.3）		
	≥50	14（6.1）	2（0.9）		
综合能力	好	18（7.9）	2（0.9）	30.901	0.000
	中	150（65.8）	11（4.8）		
	差	29（12.7）	18（7.9）		
工作满意度	满意	100（43.9）	14（6.1）	5.325	0.07
	一般	87（38.2）	12（5.3）		
	不满意	10（4.4）	5（2.2）		

在总体提供程度方面，不同年龄、综合能力、工作满意度，社区养老服务项目提供程度差异有统计学意义（$P < 0.05$）。结果如表 5–15 所示。

表 5–15　社区养老服务项目总体提供程度单因素分析

变量	提供程度（%）			χ^2	p
	组别	高	低		
年龄（岁）	＜ 25	38（16.7）	5（2.2）	11.565	0.009
	25～34	75（32.9）	17（7.5）		
	35～44	58（25.4）	3（1.3）		
	⩾ 45	32（14.0）	0（0.0）		
职称	初级	125（54.8）	21（9.2）	4.92	0.085
	中级	64（28.1）	3（1.3）		
	高级	14（6.1）	1（0.4）		
学历	中专及以下	28（12.3）	2（0.9）	1.444	0.486
	大专	115（50.4）	13（5.7）		
	本科及以上	60（26.3）	10（4.4）		
聘用类型	合同	144（63.2）	22（9.6）	3.274	0.07
	正式	59（25.9）	3（1.3）		
社区工作年限（年）	＜ 1	22（9.6）	4（1.8）	0.72	0.868
	1～2	47（20.6）	6（2.6）		
	3～4	23（10.1）	3（1.3）		
	⩾ 5	111（48.7）	12（5.3）		

续表

变量	提供程度（%）			χ^2	p
	组别	高	低		
社区之前工作	公立医院	149（65.4）	16（7.0）	0.983	0.321
	毕业后直接到社区工作	54（23.7）	9（3.9）		
培训时间（小时）	未参加培训	61（26.8）	12（5.3）	4.743	0.192
	＜10	81（35.5）	9（3.9）		
	10～49	47（20.6）	2（0.9）		
	≥50	14（6.1）	2（0.9）		
综合能力	好	18（7.9）	2（0.9）	9.502	0.009
	中	149（65.4）	12（5.3）		
	差	36（15.8）	11（4.8）		
工作满意度	满意	103（45.2）	11（4.8）	13.999	0.001
	一般	91（39.9）	8（3.5）		
	不满意	9（3.9）	6（2.6）		

二、社区养老服务项目提供程度影响因素的多因素分析

社区养老服务项目的提供程度受多种因素影响，在实际统计分析过程中，由于各个影响因素之间关系复杂，可能存在交互作用，从而会影响对整体结果的判断，为了控制社区养老服务项目提供程度各影响因素之间的交互作用，以及找出城市社区养老服务项目提供程度的主要影响因素，将城市社区卫生服务机构老年护理服务提供程度的高低作为因变量，将社区护理人员的年龄、职称、学历、聘用类型、社区工作年限等

各影响因素作为自变量，进行 Logistic 回归分析。

根据二分类 Logistic 回归分析自变量指标的要求，分别对社区护理人员的一般资料、综合能力以及工作满意度进行赋值，从社区老年护理服务项目提供程度（总体）、健康促进护理服务项目提供程度影响因素、疾病预防护理服务项目提供程度影响因素、疾病护理服务项目提供程度影响因素 4 个方面进行统计分析。步入回归方程的检验水准 α 是 0.05，脱离方程的检验水准 β 是 0.10。赋值如表 5–16 所示。

表 5–16　变量解释及赋值

变量	变量解释及赋值
年龄	＜ 25＝1，25～34＝2，35～44＝3，≥ 45＝4
职称	初级＝1，中级＝2，高级＝3
学历	中专及以下＝1，大专＝2，本科及以上＝3
聘用类型	合同＝0，正式＝1
社区工作年限	＜ 1＝1，1～2＝2，3～4＝3，＞ 5＝4
社区之前工作	公立医院＝0，毕业后直接到社区工作＝1
培训时间	未参加培训＝1，＜ 10＝2，10～49＝3，≥ 50＝4
综合能力	好＝1，中＝2，差＝3
工作满意度	满意＝1，一般＝2，不满意＝3

Logistic 回归分析要求各解释自变量间不能为线性关系。本研究采用容忍度 TOL 和方差扩大因子 VIF 对自变量进行诊断，当容忍度 TOL ＜ 0.1，方差扩大因子 VIF ＞ 10 时，认为存在多元共线性。本研究中 9 个自变量的 TOL 均大于 0.1，VIF 均小于 10（见表 5–17），所以解释变量之间无共线性，可以进入下一步多因素 Logistic 回归分析。

表 5-17　多元共线性检验结果

变量	容忍度	方差扩大因子
年龄	0.360	2.776
职称	0.680	1.471
学历	0.899	1.112
聘用类型	0.375	2.688
社区工作年限	0.799	1.284
社区之前工作	0.726	1.377
培训时间	0.862	1.160
综合能力	0.855	1.170
工作满意度	0.804	1.244

（一）健康促进护理服务项目提供程度的影响因素分析

二分类 Logistic 回归分析结果显示，在健康促进维度，年龄越大的社区护理人员提供健康促进护理服务项目的程度就越高；社区护理人员的学历每增加一个等级，健康促进护理服务项目的提供程度就会更高；护理人员的工作满意度越高，健康促进护理服务项目的提供程度就越高，如表 5-18 所示。

表 5-18　健康促进护理服务项目提供程度的影响因素分析

影响因素	β	α	Wald χ^2	p	OR	95% CI
年龄	−0.67	0.227	8.761	0.003	0.511	0.328～0.797
学历	−0.842	0.307	7.522	0.006	0.431	0.236～0.786

续表

影响因素	β	α	Wald χ^2	p	OR	95% CI
工作满意度	1.036	0.299	12.029	0.001	2.818	1.569～5.061
常量	0.233	0.793	12.029	0.779	1.250	

（二）疾病预防护理服务项目提供程度的影响因素分析

在疾病预防维度，初级职称的护理人员提供疾病预防护理服务项目的程度高于中级、高级职称的护理人员，这是由于在社区疾病预防方面的工作多由低职称护理人员承担。低学历的护理人员提供疾病预防护理服务项目的程度高于高学历护理人员，这是因为社区目前的预防工作主要由年龄较小、学历较低的护理人员承担。毕业后直接到社区工作的护理人员疾病预防护理服务项目的提供程度高于之前在公立医院就职的护理人员，如表 5–19 所示。

表 5–19　疾病预防护理服务项目提供程度的影响因素分析

影响因素	β	α	Wald χ^2	p	OR	95% CI
职称	1.559	0.538	8.382	0.004	4.753	0.251～1.045
学历	0.892	0.393	5.141	0.023	2.440	1.129～5.277
社区之前工作	−1.016	0.499	4.150	0.042	0.362	0.136～0.962
常量	−4.296	1.643	6.837	0.009	0.014	

（三）疾病护理服务项目提供程度的影响因素分析

在疾病护理维度，有过公立医院职业经历的护理人员，疾病护理服务项目的提供程度比毕业后直接在社区工作的护理人员高出 4.193 倍；综合能力得分高的护理人员比综合能力差的护理人员疾病护理服务项目的提供程度高出 5.77 倍，如表 5−20 所示。

表 5−20　疾病护理服务项目提供程度的影响因素分析

影响因素	β	α	Wald χ^2	p	OR	95% CI
社区之前工作	1.433	0.428	11.207	0.001	4.193	1.812～9.706
综合能力	1.753	0.412	19.100	0.000	5.770	2.573～12.937
常量	−6.402	1.064	36.225	0.000	0.002	

（四）社区老年护理服务项目总体提供程度的影响因素分析

研究结果显示，年龄、学历、工作满意度、社区之前工作、培训时间是社区老年护理服务项目提供程度的影响因素。年龄越大、学历越高、工作满意度越高、培训时间越长、在公立医院工作过的护理人员的服务项目提供程度越高。其中护理人员的培训时间对社区老年护理服务项目总体提供程度影响最大，如表 5−21 所示。

表 5−21　社区老年护理服务项目总体提供程度的影响因素分析

影响因素	β	α	Wald χ^2	p	Exp（β）	95% CI
年龄	−0.67	0.22	8.76	0.003	0.51	0.32～0.79
学历	−0.84	0.31	7.52	0.006	0.43	0.23～0.78
工作满意度	1.03	0.29	12.02	0.001	2.81	1.56～5.06
社区之前工作	1.43	0.42	11.21	0.001	4.19	1.81～9.71
培训时间	1.75	0.41	19.10	0.000	5.77	2.57～12.93

三、讨论与建议

本次调查结果显示，在健康促进维度，社区老年护理服务内容的影响因素有年龄、学历、工作满意度；在疾病预防维度，影响因素有职称、学历、社区之前工作；在疾病护理维度，影响因素有社区之前工作、综合能力。

年龄较大、职称较高的社区护理人员在健康促进与疾病护理服务项目上的提供程度高于年轻护理人员，分析原因可能是：年龄大的社区护理人员工作年限更长，使之能够在工作中不断积累临床工作经验与健康教育工作经验，和社区中老年人的接触更多，掌握了更多的沟通交流经验，从而提高了自身对老年人开展健康教育的能力（王梦璇，2020）。同时，年龄大的社区护理人员还担负了新护理员的培训带领、时常随访、社区健康推动、社区健体与科研探索层面的事务，从这些工作中积累获得了大量经验，从而提高了年龄大的社区护理人员在健康促进与疾病护理方面的能力，提高了其服务项目的提供质量。

职称能够在某种程度上反映社区护理人员的专业理论能力、技术能力、本身素质与整体业务水平，职称更高的护理人员工作技能和工作适应认知程度更高（卜陶，2020）。高职称社区护理人员和低职称社区护理人员对比，前者更易于对其本身工作位置形成认同意识，工作成效更高，职业技能也会随之提升。职称高的社区护理人员知识范围更广，分析及认知能力更高，能自发地认识到老龄护理服务过程中形成的问题；同时，高职称护理人员担负了更多的指引、培训、管理、康体教育、家庭探视等任务，扎实的工作经验有助于提升其社区老年护理领域多方面的能力。在提升职称的过程中，要不断地学习及考试，这也提高了护理人员的综合素质和能力。

学历影响健康促进护理服务项目的提供程度，研究影响因素是：差异化层级的护理培训，对学习者实际定位会有差异，培育模式和培育目标同样有差异（李青，2022）。受教育水平的影响，护理人员对一种事物的掌握能力会有不同。现阶段国内护理人员培育重点分成中专、大专以及本科三级，对本科甚至更高学历的护理人员，不但需要其具备临床护理技能与病症护理技能，同时需要其具备更多的健康教育与促进、疾病的预防等方面的，以人为中心、以健康为中心的护理工作理念。

另外，高学历的社区护理人员自主学习能力比较强，通过不断地在社区护理服务工作岗位上积累经验，将理论与实践相结合，使其对社区护理能够更加立体全面地进行把握，在工作中不断自我完善，自发地向老年人提供质量更好的护理服务。在个体理论与技能层面，本科学历的护理人员比中专与大专学历的护理人员素质更高，社区卫生部门同样对学历高的护理人员寄予了厚望，会为其提供更多的发展和培训机会，使高学历的护理人员的能力得到更全面的发展。

多因素 Logistic 回归分析结果显示，年龄越大、学历越高、工作满意度越高、培训时间越长、在公立医院工作过的护理人员的服务项目提供程度越高。原因可能是：①年龄大的社区护理人员工作年限更长，使之能够在工作中不断积累临床工作经验与健康教育工作经验，和社区中的老年人接触得更多，掌握了更多的沟通交流经验，从而提高了自身对老年人开展健康教育的能力；②高学历的护理人员自主学习能力比较强，通过不断地在社区护理服务工作岗位上积累经验，将理论与实践相结合，使其对社区护理能够更加立体全面地进行把握，在工作中自发地向老年人提供质量更好的护理服务；③岗位培训可以提高社区护理人员的综合服务能力，增加其角色认同感，明确自身职能定位，更好地为社区老年人提供健康服务；④以前在公立医院工作过的护理人员的理论知识水平较毕业后直接从事社区护理工作的社区护理人员更加扎实，临床经验更加丰富，转型到社区服务机构工作后，能用已有的知识经验规范自己的思维和行动，更好地开展社区老年护理服务工作。

由此可见，社区护理人员年龄结构偏于年轻化、学历偏低、综合素质不高、培训不到位、工作满意度低等因素限制了山东省社区老年健康服务项目的落实、提供和拓展，很难适应当前社区养老健康服务机构对护理人员提出的素质能力需要，致使社区老年健康服务机构也未能发挥出其在老年健康服务中应有的作用（成超凤，2019）。因而，我们应该强化政府投资，完善管理制度；从老年人的需求出发，提供适宜服务项目；开展老年健康服务人才的职业化培养和培训，特别是毕业后直接从事社区工作的护理人员的培训；立足区域实际情况，形成科学的社区健康服务人力资源分配模式。

第六章

城市社区养老服务体系的构建思路、框架及具体措施

第一节　政府、社区、家庭及社会组织在社区养老服务体系中的作用

在倡导养老服务社会化和社区养老的大背景下，政府、社区、家庭及社会组织作为城市社区养老服务的主体，不仅扮演着重要角色，而且在城市社区养老服务体系建设及其稳定和可持续发展中具有重要作用。

一、政府、社区、家庭及社会组织在社区养老服务体系中的作用

养老服务体系是指由满足老年人生存、生活和发展需要的全部服务性资源和服务支持能力所构成的有机整体。这一概念涉及两个方面的内容：一是老年人需要的养老服务由谁提供，二是这种养老服务由谁付费或埋单。在传统农业社会，家庭作为经济活动的主要单元，在拥有劳动成果所有权和经济资源支配权的同时，也理所当然地担负着养老服务付费者和养老服务提供者的责任，政府、社会和社区只扮演着帮衬或辅助角色，在此情况下，家庭及其成员特别是子女在老年人养老服务中的作用体现得淋漓尽致。到了工业社会，特别是随着社会化大生产的广泛铺开，以家庭为单位的生产经营模式逐渐被以工厂或公司为单位的生产经营模式所取代，家庭成员中的劳动力人口大多以雇员身份被工厂或公司所雇佣；而雇佣关系或劳动关系的确立、劳动力所有权与使用权或支配权的分离，在使劳动者走出家庭、加入有组织的经济活动的同时，也极大地

限制了家庭对其成员劳动力和劳动时间的支配权，家庭成员劳动者在家庭养老服务供给上也越来越力不从心，家庭核心化和少子化，子辈与父辈分庭立户、异地居住，以及经济体制转型过程中人们孝养意识的淡化，进一步弱化了家庭在养老服务供给中的作用，由此也对政府、社会和社区等养老服务主体提出了新的要求，需要政府、社会和社区更多地担负起因家庭养老功能弱化及缺位可能给老年人养老服务需求满足造成影响的责任。

二、政府在城市养老服务体系中的角色与责任

政府责任可划分为政治责任、行政责任、法律责任和道德责任，这是对政府责任的一种总体性和理论性概括，在老年福利供给中使用这种划分显然过于抽象和难以把握，需要将其具体化为更明确的责任。如前文所述，家庭养老及其服务功能的弱化，使依靠家庭特别是子女养老变得越来越困难，而为了弥补家庭养老特别是子女养老留下的空缺，避免养老主体缺位可能给老年人特别是孤寡、病残、失能和高龄老年人生存和生活造成的影响，就需要政府担负起为老年人提供养老服务的责任。从政府在城市社区养老服务体系中扮演的角色来看，它既应是养老服务体系建设的发起者、养老服务法律制度和发展规划的制定者，也应是基本养老服务经费的提供者、相关人员培训的提供者和养老服务的监管者，还应是非营利组织和企业等养老服务参与主体的合作伙伴。要扮演好上述角色，政府应担负以下主要责任。

（1）制定相应的法规政策，确保养老服务供给的及时性和公平公正。尽管近几年国家在养老服务供给方面出台了一系列规定和政策，如 2012 年民政部出台的《关于鼓励和引导民间资本进入养老服务领域的实施意见》和 2013 年 9 月国务院颁布的《关于加快发展养老服务业的若干意见》等，但目前来看，这些规定基本上属指导性的，上升到法律法规层面的

还很少见。法律法规和政策的缺乏及其执行和落实不到位，不仅严重制约着养老服务体系建设，而且影响了老年人基本社会福利权利的获得，一些失能、高龄和患病老年人甚至因得不到基本的照料和护理服务而陷入生活和生存困境，有的甚至凄惨离世。当然，上述问题的出现并不能完全归咎于法律法规建设的滞缓，但在强调依法治国、依法治社的市场经济条件下，无法可依、可章可循无疑是养老服务体系一直未能建立起来、老年人基本养老服务权利长期无法得到有效保障的重要原因之一，因为它直接关系着地方“孝道”价值观和养老意识能否尽快回归，更关系着老年人的尊严和幸福。

（2）制定养老服务体系和发展规划，确保养老服务供给的有序、有度和可持续发展。城市人口发展有其自身规律性，老年人口发展也遵循着人口发展的一般规律，因此研究城市老年人口发展的规律，准确把握老年人口的规模、增减变化情况及其需求特征，是制定养老服务发展规划的基本前提。政府是社会治理的主导者和第一责任人，养老服务供给如何配合与满足城市老年人口发展的基本要求，是政府在调配养老服务资源时必须事先解决好的问题，由此就需要政府事先做好养老服务发展规划，避免养老服务的无序性供给。同时，市场经济条件下其把控和拥有资源的有限性，决定了政府在社会治理和公共服务提供过程中不可能包办一切，只能是“有所为，有所不为”，由此就需要将有限的资源用到社会最需要的地方，这就决定了政府只能将重心放到基本公共服务领域，对于基本公共服务之外的准公共服务和经营性公共服务以及私人服务，则可以采取低收费及与非营利组织、私营企业等合资、合作或完全由市场运作的方式提供。因此，为确保养老服务体系建设和养老服务的顺利开展，首先需要厘清政府和市场经营养老服务的边界，能交给市场的统统交由市场，按市场规律办事，该政府做的就应该全力以赴地做好；其次需要做好养老服务体系建设和发展规划，真正做到先预后立，各责任主体权责明确，各司其职、各尽其责，只有如此，才能从根本上做好养老服务工作，提高养老服务的可持续性，同时让城市老年人切实享受到政府和社会的关心和关怀。

（3）提供财政支持及购买服务。如前文所述，养老服务的根本在于物质性资源或经济性支持由谁提供，即最终由谁出钱。如果由家庭（包括老年人自己及其配偶、子女及其他家人等）出钱，那么这种养老服务应属于家庭养老服务；如果由政府和社会出钱（家庭不需要归还或以其他方式予以回报），那么这种养老服务属于社会养老服务。在中国这样一个人口大国，老年人口数量增长迅速，首倡家庭养老是必要的，这是由中国的国情、传统和经济能力等共同决定的；但提倡家庭养老绝非意味着政府责任的减轻，而是要求政府将有限的养老资源用到基本养老服务和推动社会养老服务发展之中去，既维护老年人的基本养老服务需求权利，又通过发挥四两拨千斤的作用促进养老服务体系建设和可持续发展。为了达到上述目标，政府就必须利用财政和税收工具，一方面为社会基本养老服务体系建设提供必要的经济或物质支持，包括开办基本养老服务机构、为社会提供养老服务场地和设施建设费用及设备购置费用、为养老服务管理人员及医疗和照护服务人员提供薪酬和办公经费、为老年人购买基本养老服务等；另一方面则应通过激励机制、发挥财政税收的作用，撬动社会资本参与养老服务供给，包括对民办养老服务机构给予财政补贴、经济性奖励，以及通过税收减免、税收优惠和为民营企业提供低风险贷款担保等，引导民营资本积极投入养老服务供给中来。

（4）设立养老服务规则和服务标准，对养老服务实施监管。养老服务是一项关乎老年人生存和生活质量以及个人和家庭幸福的服务，特别是在老年人失能、罹患伤病以及因机能老化而活动受限时，养老服务的重要性凸显出来。因此，要确保养老服务供给的及时性、可靠性和服务质量，就需要养老服务机构和个人具备必要的能力和资质，由此就要求政府对提供养老服务的机构和个人进行资格和资质认证，把好养老服务市场的“进入关”，同时需要结合老年人养老服务需求以及名种养老服务的繁简程度、复杂程度和劳动强度，制定相应的服务规则和服务标准，尽可能提高养老服务的规范性、标准化和可量化程度，同时加强对养老服务机构和个体供给者的绩效考评与监管，以及对养老服务过程和结果的评价，这对养老服务体系的建设与发展无疑十分必要。当然，政府也可以将上述任务委托给社会组织来实施，但无论是从哪个角度讲，在养老服务规则和服务标准制定以及养老服务监管中政府均应负首要或主要责任，而不是不负责任地一推了之。当然，考虑到养老服务人才队伍建设问题，政府还有必要担负起养老服务管理和服务人员培训的责任，避免养老服务管理和服务人员质量和供给的低端化，确保养老服务管理和服务人员质量和供给的可持续性。

三、社区在城市社区养老服务体系中的角色与责任

社区是联系家庭与社会的“桥梁”或“纽带”，也是实行居家养老和社区养老的重要平台，是老年人最熟悉也最愿意接受的养老服务场所之一，在城市社区养老服务体系建设中，社区具有不可替代的重要地位。

在中国城市，长期一贯地安于本分的生活方式以及传统文化观念根深蒂固的影响，社区饱蘸了人们特别是老年人对“家”难以割舍的情怀，因为那里有祖辈先人生活的印痕，有家人、乡邻相依相守、共同奋斗的足迹，那里的一草一木都留下了他们诸多回忆和遐想，因此家庭和社区在大多数老年人心目中占据极其重要的位置，并由此决定了社区在城市社区养老服务体系建设中的重要性（李勇华，2012）。基于此，要想使城市社区养老服务体系贴近老年人需求，易于被老年人接受，就必须发挥

好城市社区的“桥梁”和平台作用，引导和帮助社区扮演好协调组织者、服务提供者、核定监督者和设施维护者等角色，在老年人及其家庭与政府、非营利组织、志愿者和养老机构间架起连接的“桥梁”，确保政府所提供的基本养老服务以及非营利组织、企业等提供的半市场化和市场养老服务能够及时惠及老年人。社区在养老服务体系建设中应担负的责任和应发挥的作用主要表现在以下几个方面。

（1）协调和组织社区内养老服务活动的开展。社区是老年人日常生活活动的基本场所，老年人长期在社区中生活，与社区内其他老年人和家庭以及社区间建立了密切的联系，加之社区作为群众性基层自治组织在人们心目中所具有的权威性，因此当人们遇到自身难以处理的事或解决不了的问题时，往往愿意请社区帮忙协调和解决；反过来讲，正是由于与区域内的家庭和个人长期打交道，因此社区对区域内家庭和老年人的情况比较了解，从而为社区在养老服务需求者与养老服务供给者间架设“桥梁”提供了可能。另外，居委会作为中国社区居民自治性组织，是由居民选举产生的，代表广大居民意志、为广大居民谋取福利是居委会义不容辞的责任。虽然作为城市社区管理和服务性组织，居委会或社区管理委员会除了承担社区事务管理工作以外，还需要承担必要的政府性公共事务工作，但并不能因此认为居委会或社区管理委员会是在承担政府责任，也不能认为政府将其责任推卸给了居委会或社区管理委员会，而只能视作居委会或社区管理委员会在代行政府委托的、与居民切身利益和福利密切关联的部分工作，即将有限的基本公共服务传递给每一位居民，使他们平等地享有基本公共服务权利。在城市社区养老服务体系建设中，社区协调和组织养老服务活动的责任具体体现为：一是协助政府建设与维护社区养老服务设施、配置基本养老服务资源；二是在有养老服务需求的家庭和老年人与提供养老服务的机构和个人间搭建联系平台，降低二者相互搜寻的成本，提高服务效率；三是协调社区老年人及其家庭与政府管理部门、养老服务中心和照护服务机构间的关系，确保基本养老服务和市场化养老服务顺利开展；四是引导和组织社区老年人开展医疗保健、文体娱乐、“结伴”交流等活动，增加社区老年人健康保健知识，丰富老年人精神生活；五是引导社区老年人开展互帮互助养老服务活动，接收和传达社区老年人养老服务救助信息，帮助政府和养老服务机构开展有针对性的养老服务救助活动；六是了解社区老年人养老服务需求，引导和协助政府、非营利组织和企业等完善养老服务形式和项目；七是协助政府有关部门做好社区老年协会和老年人自助组织等的管理工作。

(2) 为社区内老年人提供基本养老服务。社区不仅是养老服务的协调和组织者，而且是养老服务的直接或间接提供者。对于社区特别是城市社区而言，受交通便捷性、养老服务资源有限性、政府配置养老服务资源的能力，以及老年人对服务需求的即时性和持久性等因素影响，多数养老服务不仅需要在家庭和社区内完成，而且有些基本养老服务还需要由社区直接提供，或者由社区委托专门的医疗和养老服务机构提供，像餐饮服务、一般性照护服务、例行健康检查和一般性精神慰藉服务等，由此就需要社区在担负一定的协调、组织和管理职能的同时，还应承担必要的基本养老服务职能，并具备提供基本养老服务的能力，如基本的医疗处置和护理能力、为老年人提供一般性照料服务的能力、组织老年人开展文体活动的能力等。当然，社区所需要的基本养老服务资源应主要由政府提供，家庭和社区也应承担一定的责任。

(3) 配合政府相关部门和社会评估机构甄别养老服务需求，并对养老服务过程和结果实施监督。虽然人们在享有基本养老服务权利上是公平的、均等的，但“公平”和“均等”并不意味着“谁想用就用，谁想拿就拿”，而是要把“真正需求”放在首位，这既是为了避免养老服务资源的分配不公，也是为了提高养老服务资源的实际利用效率，将有限的基本养老服务资源分配给那些迫切需要的老年人。为此，就需要政府和社会在有些基本养老服务资源配置过程中密切关注老年人及其家庭的养老服务能力，做好评估和甄别工作，避免因强调“平均”而导致的实际不公平。在老年人养老服务需求评估和甄别方面，显然被评估者及其家庭所在社区更具话语权，也更有可能做出让被评估者及其家庭“信服”的结果，因此让社区参与到老年人养老服务需求评估和甄别过程中来，并承担相应责任，十分必要。此外，社区还应是养老服务实施过程和结果的直接监督者之一，特别是对医疗护理机构和养老服务机构提供的养老服务实施监督，对于督促医疗护理机构和养老服务机构改进服务质量、提高服务水平是十分必要的。当然，为避免社区在养老服务实施过程中既当运动员又当裁判员，也为了避免社区与医疗护理机构和养老服务机构合谋索取养老服务“油水”，政府应建立科学的针对社区养老服务能力、养老服务供给质量和养老服务监督情况的绩效考评机制，加强对社区养老服务的考评和监督管理。

四、家庭在城市社区养老服务体系中的角色与责任

家庭是老年人生活的最基本场所，也是老年人获取养老资源及情感寄托和精神慰藉的首选地，因为就一个家庭而言，家庭的成长和发展不仅倾注了老年人大半生的心血和精力，而且见证了他们为家庭和家人幸福而奋斗的足迹，留下了他们的苦乐悲欢。虽然家庭核心化、少子化以及经济和社会体制转型过程中人们孝养意识的淡化等降低了家庭养老的可依赖度，然而，家庭对老年人的重要性并未发生根本改变，只是目前老年人比以往更加渴求独立，不希望给子女带来负担，尽量通过自己的劳动养活自己或者用自己的劳作换取子辈的接纳和日后善待；而且，应该看到的是，虽然家庭规模小型化及子辈与父辈分庭立户或异地居住动摇了传统家庭养老的根基，但是目前家庭养老的基础依然存在。另外，

作为一个崇尚孝养文化、提倡孝道伦理的社会，家庭无论何时都应该是孝亲养老的第一责任主体，这与现代文明所倡导的尊老、敬老、孝老及家庭和睦、社会和谐是一致的，是社会进步的体现和社会文明的象征。因此，在城市社区养老服务体系建设中较好地体现和发挥家庭的作用，使家庭切实担负起其应担负的责任，扮演好其应扮演的角色，依然十分必要。不过，对于养老功能日益弱化的家庭来讲，要想让家庭像从前那样完全或全部承担老年人的养老服务责任，是不现实的。当然，又不能由此将老年人养老服务责任完全推给政府，受经济发展水平和国家经济支付能力等的影响，政府无力也很难完全担负如此繁重的责任，而且将侍奉年老父母的责任完全推给政府的做法也不符合中国社会的伦理逻辑，由此就需要在中国城市养老服务体系建设中充分重视家庭的地位和作用，通过体制和机制建设及舆论宣传，引导家庭回归养老服务第一责任主体的角色，通过家庭与政府、社会（非营利组织和企业等）及社区的合作，来构建符合实际的普惠型、多元化、多层次的城市养老服务体系。在城市养老服务体系中，家庭仍应扮演养老服务第一责任主体的角色，既是提供“经济支持力”的首要责任人，也是提供“非经济支持力”的主要责任人。当然，这里需要指出的是，考虑到城市家庭的少子化、家庭结构核心化和规模小型化以及子辈与父辈分庭立户、异地居住等问题，应以提供自我养老或独立养老为前提，从法律层面强调子女对老年父母的赡养责任，同时，顺应时代要求，从居民身份待遇、老年社会保障和社区公共服务等方面为异地居住的“空巢”、独居老年人提供随子女迁转养老的制度安排和政策支持，这既有助于满足与子女异地居住的城市老年人对家庭的养老服务需求，缓解城市社区的养老服务压力，也有助于家庭和睦幸福与社会和谐。这即是说，在关注社区养老、强调政府和社会在养老服务供给中的责任的同时，绝不能忽视家庭在养老服务体系中的基础性地位和第一责任主体的角色，而且应充分挖掘家庭养老的潜力、激发其潜能，消除一切影响和制约家庭养老功能发挥的体制、机制、制度和观念性障碍，这既是老年人老有所依、老有所养、老有所乐的需要，也是缓解社会养老服务供给压力、确保政府将有限的资源应用于孤寡和贫困老年人的需要。

五、非营利组织、企业和志愿者在城市养老服务体系中的角色与责任

如前文所述，养老服务主体除了家庭、政府和社区以外，还包括从事或开展养老服务的非营利组织、企业及有志于社会公益事业的志愿者或义工，这三类主体也是城市社区养老服务体系建设中不可或缺的力量。

（一）非营利组织在城市社区养老服务体系中的角色和责任

非营利组织作为不以营利为目的的社会组织，是政府公共服务职能的主要承担者，它不仅可以承担政府的部分管理和监督职能，而且可以承担直接服务职能，因此非营利组织在城市社区养老服务体系建设中既可以充当养老服务的直接提供者，也可以充当养老服务的绩效考评者，还可以充当养老服务规则和标准制定的直接参与者。鉴于此，非营利组织在城市社区养老服务体系中可承担如下几方面责任。

(1) 为城市社区老年人直接提供养老服务。非营利组织的类型多样，目标追求、组织形式和规模不一，但不以盈利为目的，是它们基本的价值和目标追求，因此非营利组织的经费来源，一是政府财政拨款和资助，二是社会捐助，三是收取的会员会费，四是以保本和低收费为标准获得的经营性收入。基于此，从提高非营利组织经营管理水平及其市场适应能力和自我成长能力角度来讲，政府将对非营利组织的直接财政拨款和经费资助转变为购买公共服务式的间接援助，应更有助于非营利组织的成长和发展，同时可避免养“懒汉”问题，可谓一举多得。对很多非营

利组织来讲，它们不仅具备提供公共服务的能力，而且其组织目标是承担更多的社会责任，因此通过制度设计和机制完善，引导和督促非营利组织积极参与到养老服务供给中来，十分必要。

（2）制定养老服务规则和标准，对养老服务机构的资质和服务绩效等进行评估。非营利组织的类型多样，而且各自的专业领域、擅长的业务也不尽相同，有的擅长管理，有的擅长服务，有的擅长评估，等等。因此，在公共管理和公共服务中，利用好不同非营利组织的专长十分必要。为此，在养老服务规则和标准制定以及养老服务机构资质和服务绩效管理过程中，政府联合或委托非营利组织开展养老服务规则和标准制定，养老服务机构资格评估、认证以及养老服务绩效考评工作，一方面上级政府主管部门可借助社会评估机构建立养老服务规则和服务标准，并对下级政府管理部门的资金管理和养老服务开展情况进行考评、监督，督促下级政府管理部门在专款专用的同时，努力做好基本养老服务工作；另一方面，下级政府管理部门也可借助社会评估机构开展对养老服务机构的资格认证，以及对社区和养老服务机构进行服务绩效考评，督促社区和养老服务机构不断提高养老服务能力和服务质量。可见，作为第三方的社会评估机构，在城市社区养老服务体系建设中具有不可替代的地位和作用。

（二）企业和志愿者在城市社区养老服务体系建设中的角色和责任

企业作为养老服务的市场化主体，志愿者作为养老服务的非市场化主体，在城市社区养老服务体系建设中同样具有不可替代的地位，充当着养老服务供给者角色。

如前文所述，养老服务体系是由基本养老服务体系和非基本养老服务体系（或称市场化养老服务体系）两部分构成的，政府、社区和非营利组织等涉猎的主要是基本养老服务领域（虽然社区和非营利组织也参与低收费的半市场化养老服务领域，但并非主流），非基本养老服务领域则主要由企业化的养老服务机构在发挥作用，企业可以在不违反相关法律规定和公平竞争原则的基础上，结合自身目标追求，根据市场规律为老年人及其家庭提供基本公共服务领域以外的更高档次和品质的养老服务，以满足老年人及其家庭对养老服务的多样化和高品质需求，从而体现养老服务供给的多层次性。

志愿者或义工提供养老服务的目的在于弘扬社会博爱精神，因此他们提供的养老服务基本属义务性服务。就政府和社会而言，如何通过建立激励机制，有效地引导人们积极投身于义务关爱和帮助老年人活动之中，同时通过完善志愿者保护法律法规，较好地保障和维护志愿者或义工的权益，抑恶扬善，是当今中国社会必须面对的重要课题。

第二节　城市社区养老服务体系的构建原则和基本框架

为了更好地构建符合我国国情的城市社区养老服务体系，我们必须坚持一定的原则，这些原则既是贯彻社区老年保障系统建设的行为准则，又是顺利和合理构建我国城市社区养老服务体系、满足老年人口生活及养老需要的根本。城市社区养老服务体系的构建原则如下。

（1）政府主导、多方参与原则。所谓“政府主导”，是指政府在城市社区养老服务体系建设中应发挥引领、带动、规范和决定性作用，即是说，政府不仅应通过建立和完善有关城市社区养老服务的法规制度以及制定城市社区养老服务体系发展规划，为城市养老服务体系建设确立目标、明确方向，而且应从资金、服务规范建设和监管等方面给予保障和支持。从统筹城乡发展和推进城乡基本公共服务均等化角度来讲，中央政府应对城市养老服务体系进行整体规划，确立体系建设的总目标和总方针，明确中央和地方各自应担负的责任和主要任务，同时出台优惠或激励性政策，并对经济发展落后地区给予扶持；地方政府则需要根据当地情况，因地制宜地制定和执行城市社区养老服务体系建设的具体任务，落实国家优惠和激励性政策，推动基层支持网络建设，确保城市社区养老服务体系的形成和平稳运行。多方参与则要求政府将城市社区养老服务体系建设的资源配置权和服务运营权交给市场，按市场化规则来配置和调节养老服务资源，通过引导、支持和激励社区及其他社会力量积极建设养老服务机构和设施，充分发挥专业化社会组织的作用，提高养老服务的供给能力和水平。

（2）家庭基础、社区依托原则。家庭作为养老服务供给的第一责任主体，在社区养老服务体系中扮演着“经济支持力”第一责任主体和“非经济支持力”主要责任主体的角色，这既是中国社会几千年发展赋予家庭的责任，是中华文明和中国优秀传统文化传承的需要，也是中国国情和经济发展能力的必然要求，家庭不能也不应该将自身应担负的养老责任一股脑儿推卸给政府和社会，那不仅会使政府财政不堪重负，而且无助于中国社会良好家教家风的锻造以及父辈与子辈家庭责任感的世代承继。因此，从传承中国优秀传统文化、弘扬父慈子孝优良传统的角度来讲，应该重视家庭在社区养老服务体系中的基础性地位和作用。当然，重视家庭在养老服务体系中的地位和作用绝不意味着重回传统家庭养老的“老路”，而是说应将家庭养老与社会养老结合起来，实现二者的有机统一。另外，前文曾经论及，现代意义上的家庭养老，已不再单指子女养老，而是包含了自我养老或独立养老的意义，是老年人自养、配偶互养与子女供养的统一。至于社区在养老服务体系中的角色和作用，前文已有论及，这里需要说明的是，在家庭养老功能弱化及推行基本公共服务均等化、养老服务社会化和提倡居家养老的大背景下，社区的基础性地位和作用日益彰显，这不仅体现在社会养老服务方面，而且体现在家庭养老服务社会化过程中，基于此，2011 年 12 月国务院办公厅颁布的《社会养老服务体系建设规划（2011—2015 年）》将社区视为社会养老服务体系的“依托”和“重要支撑”，这说明社区在养老服务体系中的重要性已经得到政府和全社会的普遍认可。

（3）公平优先、兼顾效率原则。城市社区养老服务体系由基本养老服务体系和非基本养老服务体系两部分构成，基本养老服务是基本公共服务的重要组成部分，而基本公共服务体系建设的出发点和根本宗旨是实现社会的公平正义，也就是说，通过基本公共服务体系建设，让不同区域和不同社会阶层的人们具有享受基本公共服务的均等权利。考虑到社会养老服务资源的有限性，基本养老服务供给应有甄别地向孤寡、病残、贫困和高龄老年人倾斜，确保将有限的养老服务资源用到最需要的地方，缩小养老服务供求的“贫富差距”，这既是社会公平的具体体现，也是建设普惠制养老服务体系的基本要求，而且可以避免养老服务资源的浪费和使用的低效率。

（4）坚持以老年人为本的原则。老年人口是社区养老服务的需求主体，老年人在需求方面有自己选择的权利，所以在服务中要尊重老年人的想法、需求，多与老年人沟通，多听听老年人自己的意见，由老年人来决定其需要什么样的服务，而不是为他们安排一种什么样的生活。只有老年人自己认可了的生活才是他们真正需要的生活，他们感觉到满意才是真正的满意。

（5）坚持从物质和精神两个方面为老年人提供服务的原则。社区养老服务保障系统在保障老年人物质生活的同时，也要注意丰富老年人的精神文化生活，重视老年人的价值，发挥老年人的作用，引导老年人自立自强、积极向上。老年人特别是高龄老年人由于生理的变化很明显，导致的心理变化也比较明显，如自卑、不愿意与人交往、自闭等较为严重的心理问题，所以社区养老服务要注意对老年人心理的疏导。

（6）坚持因地制宜、分类指导、突出重点的原则。我国各地经济发展水平及居民收入水平差异较大，只有因地制宜，才能使各地社区提供的服务更好地满足老年人口各方面需求。同时，各地要根据自己的社会经济发展情况，实施分类指导、突出重点的策略搞好社区建设，为不同的老年人群体提供服务，更好地满足不同地区老年人口的养老服务需求。

第三节　建设和完善城市社区养老服务体系的具体措施

按照城市社区养老服务体系建设应遵循的原则以及前文提出的基本框架和机制设计，并结合发达国家的实践经验和中国实际，从充分发挥家庭、政府、社区、非营利组织和企业等的作用着眼，同时考虑城市养老组织服务体系的未来衔接和融合发展问题，中国城市社区养老服务体系建设应着力加强以下工作。

一、建立和完善相关法律法规制度体系

法律法规既是人们的行为规范和行动准绳，也是维护社会公平正义和社会秩序，确保养老服务体系健康、可持续发展的重要手段和工具。发达国家的经验表明，法律法规制度体系建设，是养老服务体系建设的基本前提和保障，没有健全、完善的法律法规制度体系作为保障，养老

服务体系建设不仅难以得到持续的财力、物力和人力支持，而且很可能因缺乏统一的行为规范、行为标准和强有力的制度约束而失规、失序，甚至难以持续发展。因此，建立和完善与城市社区养老服务体系相配套的法律法规制度，是中国城市社区养老服务体系建设的重中之重。当然，法律法规制度体系建设不可能一蹴而就，而是需要逐步建设、不断补充和完善。

二、科学制定城市社区养老服务体系中长期发展规划

由于目前中国城市社区养老服务体系基本处于零起点，加之城市社区的凝聚力、号召力已今非昔比，因此需要结合实际，尽快研究制定城市社区养老服务体系建设和发展规划，明确城市社区养老服务体系建设的长期、中期和近期目标，以及阶段性任务、落实任务的具体时间表、责任划分和保障措施等。养老服务体系建设和发展规划制定应是一个自上而下的过程。中央政府和有关部门负责国家层面的长期和中期养老服务体系建设与发展规划的制定，规划重点应是社区养老服务体系建设，内容涉及养老服务体系建设的指导思想、基本原则、总目标和阶段性目标、建设任务、建设方式、建设机制、资金筹集和保障措施等；各级地方政府和有关部门应在国家制定的养老服务体系长期和中期建设与发展规划框架指导下，因地制宜地制定符合本地情况的养老服务体系建设和发展规划，特别是社区养老服务体系建设和发展规划，以指导城市社区养老服务体系的建设工作。

三、建立和完善多元主体参与城市社区养老服务的制度和机制

城市社区养老服务主体包括家庭、政府、社区、非营利组织和企业等，它们共同构成城市养老服务供给的多元化体系。各养老服务主体在

养老服务体系中所扮演的角色、担负的责任、发挥的作用各不相同。家庭作为首要的养老服务主体，不仅担负着为老年人提供经济或物质性支持的责任，而且担负着为老年人提供日常生活照料、疾病和康复护理、精神慰藉等非经济性或物质性支持的责任；政府在养老服务体系中所扮演的主要是法律规章、政策以及养老服务发展战略规划制定者、经费提供者、人才培养培训者以及监督管理者的角色，担负着为养老服务体系制定法规政策和制度规则、为基本养老服务的正常开展提供经费和人才支持等责任，是养老服务体系平稳、规范化和可持续运行的制度保障和能量源泉；社区作为老年人生活、活动于其中的“熟人社会”，既是老年人获取心理抚慰或精神慰藉的重要场所，也是老年人获取社会化养老服务的重要平台和联系“桥梁”，老年人能否有所依、有所养、有所医、有所乐、有所为，均与社区建设的水平及其功能是否完善等有着密切关系；非营利组织因目标定位、类别和所处领域不同，业务范围往往也存在较大差别，有的直接参与养老服务供给，有的参与养老服务规则和标准的制定、资格认证及养老服务绩效考评等，既是社区养老服务的直接供给者（包括基本养老服务和半市场化非基本养老服务），也是养老服务绩效考评和资格认证的直接参与者。

鉴于上述分析，从强化各主体的责任意识、推动城市社区养老服务体系规范、有序、平稳和可持续发展着眼，一是要进一步明确中央及各级地方政府和有关部门在法律规章、政策和养老服务发展规划等的制定和完善方面的责任，使养老服务法律规章、政策及城市社区养老服务体系发展规划等的制定和修订更加及时和与时俱进，确保城市社区养老服务体系建设和发展有法可依、有章可循；二是强化中央及各级地方政府和有关部门在经费保障、人才培养培训、监督管理等方面的责任意识，切实做到养老服务经费担负责任明晰、人才培养培训计划落实到位、监督管理措施实施有力；三是强化老年人的自我养老或独立养老意识，弘扬家庭养老及后辈尊老、敬老、孝老的优良社会风尚，突出家庭在社区养老服务体系中的地位，同时通过立法及加强社会监督和舆论宣传，引导人们重建养老、敬老、孝老的社会“孝道”价值体系，锻造优良的社会“孝”文化；四是推进社区建设和社区治理的法治化进程，突出社区在社区养老服务体系建设中的核心地位，强化社区在组织协调、养老服务资源整合、调配、管理及养老服务供给等方面的责任意识，引导和帮助社区逐步建立起依法开展社区建设、社区服务和社区治理的群众性自治系统；五是加大对非营利组织的培育和扶持力度，通过体制改革和机制建设，引导和激励非营利组织积极参与到社区养老服务体系建设中来，充分发挥非营利组织在养老服务供给、养老服务绩效考评和监督，以及人才培训、资格认证和标准制定等方面的作用，促进非营利组织快速而健康地成长；六是建立和完善养老服务供给资格认证及养老服务绩效考评制度，通过加强对养老服务机构的资格认证管理及对养老服务质量的规制监管，确保养老服务市场建设的规范化、管理的制度化、服务的标准化，强化养老服务供给者的责任意识、质量意识和人本意识，促进养老服务市场健康发展；七是建立养老服务社会救助制度，为那些无人照料且已经或即将陷入生活和生存困境的患病、伤残和高龄的失能、半失能老年人提供必要的生活照料、疾病护理、精神慰藉乃至临终关怀等救助性服务，满足他们的物质和精神需求，充分彰显老有所乐、老有所依、老有所终的社会养老服务宗旨。

四、建立稳定的财政投入和经费保障制度

经费保障是养老服务体系建设的物质基础和基本前提。养老服务体系建设的资金或经费来源通常有以下几个：一是中央和地方政府部门的财政拨款，二是社会捐助和捐赠款项，三是社区居民、社区社会人士及社区私营企业和其他驻社区单位等捐助和捐赠的款项，四是社区从集体经

济单位和集体资产中自留和自提的经费。虽然基本养老服务供给属于基本公共服务或“政务”范畴，经费主要由政府负担，为避免政府特别是基层地方政府向社区转嫁承负基本公共服务经费的责任，就必须在明确政府和社区各自责任的同时，建立稳定的财政投入和经费保障制度：一方面，中央及县级以上政府部门应设立基本养老服务体系建设专项资金，将其纳入中央和地方政府年度财政预算，并建立按地区经济发展水平及老年人口规模、服务标准等动态调整养老服务经费增长的机制，确保养老服务经费及时、足额拨付；另一方面，应在考虑各地经济发展水平和财政支付能力的基础上，建立中央与地方、上级地方政府部门与下级地方政府部门分担养老服务经费的机制。

长期以来，城市卫生资源大多汇聚在大型医疗机构之中，这类医疗机构具备很好的医疗设施，也具备一大批的专业化高素质医疗人员，在市场竞争中处在领先地位。政府是国家经济宏观调控的主体，应当尽快扭转这种市场失灵的情况，然而现阶段财政支出在各种医疗单位中的配置仍不恰当，大型医疗机构还是占据较大的资源配置比例，社区卫生服务单位只能获得较少的政府部门资金补助，长期如此，社区卫生服务部门所处的劣势位置长期无法扭转，竞争力越来越差，形成恶性循环。政府部门应该由财政与政策等多个层面鼓励社区卫生服务有序展开，让社区卫生服务部门提升技能，获得更多的竞争优势。现阶段，老年人对社区护理服务已具备一定的认知，选择到社区卫生服务机构就诊的老年人比例日益提高，然而在对社区医疗设施与社区卫生人员的素质、社区卫生服务机构的环境等的评价上却表现出许多不满，而这些层面的改进都必须政府部门更多投入方能取得实效。

现阶段，国内社区卫生服务机构无法获得民众的普遍认同，其关键在于民众不信任其医疗能力（李倩，2006），社区护理人员能力差的主要原因是社区没有充足的条件吸纳高素质的人员到社区工作，由于社区卫生服务单位的待遇条件比大型医疗单位的待遇条件差了许多（齐玉梅，2014），获得医学院毕业证书的学生都想尽办法到大型医疗机构工作，最终到社区去的学生都是学历层次较低的护理人员。想要使社区可以吸纳更多高素质护理人才，政府部门对社区护理人员待遇条件和财政补助特别关键，唯有待遇条件提升，优质的专业人才才会到这里来工作。政府部门能够设立相关的管理监督部门或机构，专门强化对护理团队的监督和管理，形成有效的激励体系，支持政策的执行，包含人事机制、职称评定、薪资福利、培训教育等（顾培洪，2008），政府优惠政策能够激发社区护理人员的积极意识，对稳固社区护理团队，迅速发展社区服务事业发挥推动作用。在发展社区护理团队的时候，应当采用效率化措施调整社区护理团队的人员结构，实行准入机制，建立有关编制指标，严格控制入口，制约不适应社区护理服务工作的人员参与社区护理服务工作，从而保证形成一支稳定的高素质社区护理服务团队。此外，还可以动员全社会力量，广泛吸纳社会资金，加快老年保健筹资机制，提高老年人医疗报销比例，以满足日益增长的老年人医疗保健需求。

五、建立人才培训机制，推行资格认证和持证上岗制度

持续、专业化、高素质的人才供给，是养老服务体系健康和可持续发展的人力基础和专业技术保障。从国内外养老服务的实践来看，没有充足、高素质的人才作为保障，不仅养老服务的水平和质量得不到保证，而且养老服务市场也难以得到有效拓展，健康、可持续的养老服务体系更难以很好地建立起来。

针对目前社区护理人员普遍年龄结构年轻化、低学历、低职称现象，应当形成一套完备的社区老年医护人员在职培养教育机制，提高在职医护人员学历水平，系统化地学习老年健康领域的相关知识，开展老年健

康服务的上岗培训。要做到针对性强，在充分研究并联系现实的前提下订立专门的培育计划，增强培训的专业性。不仅进行短期培训，更要建立一套完善的包括近期、远期计划的培训目标，形成一个良好的循环，使社区医护人员意识到继续培育社区护理有关理论和技术的关键价值，支持社区护理人员以进修与培训的方式努力提升学历和职称，使社区医护人员继续教育成为一种终身教育。

为此，就需要政府和社会尽快建立起养老服务专门人才的培养和培训机制：一是引导和鼓励普通高等学校及中等和高等职业技术院校科学安排和设置养老服务类专业，加大高素质、应用型养老服务专业人才的培养力度；二是建立养老服务专业人才培训制度，委托专业的教育培训机构及医院、康复护理院、养老院等，对养老服务人员和管理人员进行定期和不定期养老服务专业知识和技术技能等的培训，同时对临时参与养老服务供给但不具备专业知识和技术技能的服务人员，如志愿者、义工等，进行短期或临时上岗培训，以确保养老服务质量；三是建立并推行养老服务专业资格认证和持证上岗制度，通过严格的专业考核、技能鉴定以及推行持证上岗制度，来推动养老服务人员管理和服务的标准化、规范化；四是在养老服务资金中单列专项经费用于养老服务专业人员培训，同时加强对培训经费使用情况的审计、监督，确保专款专用。

培训方式除课堂授课之外，也可以访问那些表现较好的其他区域与社区的服务单位，借鉴并学习他们的现代化技术与管理方式。同时，与三级医院建立双向合作关系，社区医护人员既可以去三级医院的老年病房或康复病房进行交流学习，三级医院的专业老年医护人员也可定期来社区对社区医护人员进行培训。可建立综合性医疗机构社区服务部门医护人员双向轮转机制，使社区医护人员轮流到综合性医疗机构实践，获取现代化与规范化的护理技术且践行到社区医疗之中。此外，综合性医疗机构的年轻医护人员轮转至社区，同样可以弥补其预防保健、慢性疾病管理、健康指导等专业化技术层面的劣势，且引导社区医护人员进行临床实践。这样轮转，可以改善社区医护人员年龄结构不恰当、理论技术单一、工作疲倦感强等现象，且使社区医护人员接受更多层面的专业化培训。

社区老年健康服务的市场化运行必定要纳入工作计划，专门的老年健康服务人员的需求会持续上涨，应当借鉴国外相关经验，形成专门的社区老年健康服务人员人才培养机制，展开培育方案、学科与教学的探索与师资力量的培育、实践基地的建设等，从而加快培育养老服务专业化人才的速度，培养一批社区老年健康服务专业人员，在社区建立专门的老年健康服务团队。

六、建立激励机制及绩效考评和监管机制

城市社区老服务体系建设是一项系统工程，既需要法律规章、政策及必要的财力、物力作为基本前提和保障，又需要家庭、政府、社区、非营利组织和企业等的积极参与及各尽其责地通力合作。要使家庭、社区、非营利组织和企业等积极参与到城市社区养老服务体系建设中来，除了应加强城市社区建设、大力培育非营利组织培养企业的社会责任意识之外，还必须建立激励机制及绩效考评和监管机制，加强对养老服务机构的资格审查及对养老服务供给质量的考评与监督，确保城市社区养老服务体系建设的规范性、制度化，提高养老服务供给的质量和社会满意度。为此，需要政府部门着力做好以下工作：①加强城市社区养老服务设施建设，制度化、多渠道地保障养老服务经费的供给；②加大对参与社区养老服务的非营利组织和企业的财政补贴力度，通过公办民营、民办公助及政府购买服务等方法，引导非营利组织和企业积极参与到养老服务中来；③通过税费减免及用地、用水、用电补偿等办法，降低养

老服务机构的运营成本；④通过加强养老服务人员绩效考评工作，建立养老服务人员薪酬激励制度和职位晋级制度，稳定和扩大养老服务人员队伍；⑤大力宣传和表彰“孝亲模范”“敬老楷模”，同时通过建立基于实绩考评的误工补偿制度，对那些因照料失能、半失能或患病老人而无法外出工作的劳动者，按其付出有效劳动时间给予适当的误工补偿，弥补他们因照料老人给个人和家庭造成的收入损失；⑥建立系统、科学的绩效考评和监督管理机制。

七、针对不同层次老年人健康需求趋向，开展分级健康服务

在人口老龄化以及家庭结构逐渐小型化日趋突出的形势下，传统意义上单一的家庭养老模式已经很难满足老年人的实际养老需要，这就促成了传统的家庭养老模式逐渐向居家养老和社区养老相结合模式转变。社区在维系和促进老年人健康方面扮演着重要的角色，社区应该针对不同健康状况的老年人提供具有针对性的服务措施。不同健康状况的老年人的健康需求在内容和质量上都有所不同，要根据老年人的人口社会学特征、日常活动能力、心理健康水平等评估老年人整体健康状况，开展适合不同年龄、不同生活自理能力、不同认知情况以及不同患病状况老年人的社区分级健康服务项目，以实际满足老年人的健康需求。

满足社区老年人需求的老年健康服务体系应该是由各种形式和内容的服务所构成，从老年人生理、心理、社会文化需要角度出发，所提供给老年人的社区健康服务应该在全面评估老年人整体健康状况的基础上，考虑老年人的健康问题和健康需要，根据评估的结果进行动态调整，及时满足其复杂的、不断变化的需求。社区要定期评估老年人的健康状况，全面了解老年人的健康服务需求，进行健康动态监测。老年健康服务体系的服务对象应着眼于不同特征的老年人，整体健康状况包括

健康的、患病的、失能的老年人，要重点关注患慢性疾病的老年人以及生活自理能力下降的高龄老年人。随着整体护理和优质护理的逐渐深入开展，以往单一形式的社区老年健康服务方式远远不能满足整个老年人群的养老服务需求，社区应注重以现代健康服务理论为指导，以实施健康服务程序为方法，以恢复健康为目标，为患者提供计划性、连续性、系统性、全面性涉及身心、社会、文化综合因素的整体健康服务和优质健康服务。

八、加强老年人自我健康管理，提高其健康素养和自护能力

由于我国社区养老起步较晚，加之社区卫生服务资金投入不到位、卫生资源配置不合理、医护人员综合素质和服务水平有待提高、相关制度尚不完善等原因，社区健康管理仍处于起步阶段。美国 30 年的实践证明，健康管理是提高国民健康水平、降低医疗费用最为经济、有效的措施（建始，2006），健康管理作为一种前瞻性的卫生动态服务模式，用主动的健康管理替代被动的疾病治疗，将“治病”转向“治未病”，强化老年人自我健康管理，对于提高其健康水平和卫生资源效益都具有重要意义（唐婵，2014）。老年人由于文化水平偏低，健康意识以及获取健康知识的能力差，社区医护人员日常的工作一般以社区健康服务中心（站）的医护处置和诊疗辅助为重点，倾向于疾病护理方面的服务内容，对于社区老年人整体健康的服务以及疾病预防、健康促进和生活照料等方面的服务内容存在不同程度的忽视，这也是造成老年人这方面健康知识和指导缺失的重要原因，加之老年人自身获取健康知识和指导的意识淡薄、途径单一，缺乏良好的生活习惯，老年人不能很好地进行自我健康管理，且健康素养不高。因此，社区工作人员应加大宣传力度，广泛开展多种形式的、容易被老年人接受的健康促进服务内容，加

强其对疾病预防的重要性的理解和掌握，协助并指导老年人制订适合个体的健康管理计划，定期评价其健康管理效果并做好干预和效果反馈工作，并提出有助于改善老年人健康状况的建议和有针对性的护理措施，让老年人切实意识到自我健康管理的重要性。尤其是对于患慢性疾病的老年人群，社区要注重开展侧重点明显、形式多样的社区健康服务以及慢性疾病预防宣传教育与护理指导，对老年人的病情变化进行持续的动态监测，跟上主动、连续、全面的医疗约访保健服务，提高老年群体对慢性疾病的认知，变被动接受为主动寻求，提高其健康素养和自我照顾能力。

参考文献

[1] 周先旺 . 以养老服务高质量发展满足人民养老需求 [J]. 人民论坛，2022（5）：6–10.

[2] 朱文佩，林义 . 日本“医养结合”社区养老模式构建及对我国的启示——基于制度分析视角 [J]. 西南金融，2022（1）：76–87.

[3] 曲绍旭 . 养老服务体系主体协同动力机制 [J]. 学术交流，2022（1）：140–152.

[4] 卞文忠 . 社会工作介入城市社区养老服务的路径探索 [J]. 人民论坛：学术前沿，2021（23）：141–143.

[5] 崔树义，杜婷婷 . 居家、社区、机构养老一体化发展研究 [J]. 东岳论丛，2021，42（11）：36–44.

[6] 翁列恩，胡税根 . 公共服务质量：分析框架与路径优化 [J]. 中国社会科学，2021（11）：31–53+204–205.

[7] 胡宏伟，蒋浩琛 . 我国基本养老服务的概念阐析与政策意涵 [J]. 社会政策研究，2021（4）：16–34.

[8] 林宝 . 康养结合：养老服务体系建设新阶段 [J]. 华中科技大学学报：社会科学版，2021，35（5）：9–18.

[9] 胡晓芳，杨玉裳 . 中国社区养老研究主题及演变趋势分析 [J]. 中共福建省委党校（福建行政学院）学报，2022（2）：96–107.

[10] 邓大松，丰延东 . 社区养老服务缓解了中国老年人健康脆弱性吗？ [J]. 湖北大学学报：哲学社会科学版，2021，48（5）：150–

159+169.

[11] 赵小兰，孟艳春．社区“嵌入式”养老服务模式：优势、困境与出路 [J]. 河北大学学报：哲学社会科学版，2019，44（4）：89—95.

[12] 董惠玲，吴炳义，郭晓宇，等．基于健康促进理论高血压患者影响因素效应分析 [J]. 中国公共卫生，2021，37（9）：1365—1370.

[13] 童玲，王慧珍，王秀娟，等．我国慢性病防治健康教育研究及开展现状 [J]. 中国健康教育，2022，38（1）：72—75.

[14] 罗盛，张锦，李伟，等．基于 IDEF0 模型的城市老年社区健康服务适宜项目概念模型研究 [J]. 中国卫生统计，2017，34（3）：477—479.

[15] 刘腊梅，范福玲，路丽娜，等．澳大利亚老年人社区居家养老服务及启示 [J]. 中国老年学杂志，2017，37（20）：5181—5183.

[16] 田逸娇．英、美、日三国社区养老服务的经验及启示 [J]. 劳动保障世界：理论版，2013（1）：51—53.

[17] 徐倩，陈友华．典型福利体制下社会养老服务国际比较与启示 [J]. 山东社会科学，2019（2）：59—64.

[18] 王裔艳．澳大利亚、加拿大和英国居家服务比较研究 [J]. 人口与发展，2016，22（5）：105—112.

[19] 李瑞艳，翟金秀．加拿大社区养老服务体系特点及启示 [J]. 南京工程学院学报：社会科学版，2013，13（3）：13—16.

[20] Ryan AA，Mccann S，Mckenna H. Impact of community care in enabling older people with complex needs to remain at home[J].Int J Older People Nursing，2009，4（1）：22—32.

[21] 康越．日本社区嵌入式养老发展历程及其经验 [J]. 北京联合大学学报：人文社会科学版，2017，15（4）：110—117.

[22] Birkmann J，Cardona O D，Carreno M L. Framing vulnerability，risk

and societal responses: the MOVE framework[J]. Natural Hazards，2013，67（2）：193–211.

[23] 黄建毅，刘毅，马丽，等 . 国外脆弱性理论模型与评估框架研究评述地域研究与开发 [J]. 地域研究与开发，2012，31（5）：1–5.

[24] 梁伟，李威君，张来斌，等 . 基于 IVM–AHP 的人－机－环耦合系统应急救援脆弱性分析 [J]. 安全与环境工程，2015，22（2）：84–87+91.

[25] Burton I，White G F. The Environment as Hazard[M]. 2nd Edition. New York: The Guilford Press，1993.

[26] Blaikie P，Cannon T，Davis I. At Risk: Natural Hazards，People’s Vulnerability and Disasters[M]. London: Psychology Press，2004.

[27] Cutter S L. Vulnerability to Environmental Hazards[J].Progress in Human Geography，1996，20（4）：529– 539.

[28] Watts M J，Bohle H G. The Space of Vulnerability: The Causal Structure of Hunger and Famine[J].Progress in Human Geography，1993，17（1）：43–67.

[29] Chambers R. Vulnerability，Coping and Policy（Editorial Introduction）[J].IDS Bulletin，2006，37（4）：33–40.

[30] 葛安琪 . 我国城市社区养老服务的特点和作用 [J]. 现代经济信息，2016（18）：98.

[31] 陈玉光 . 社区养老服务体系建设 : 国际经验与基本路径 [J]. 新视野，2013（2）：76–78.

[32] 赵然，陈任，马颖，等 . 城市社区养老服务体系中的问题和对策 [J]. 中国老年学杂志，2015，35（12）：3399–3401.

[33] 石园，纪伟，张智勇，等 . 基于差异化服务内容的社区养老服务需求与供给协调机制研究 [J]. 人口与发展，2019，25（3）：47–56.

[34] 白晨．医养结合背景下城乡社区老年健康管理服务供给及效果研究——来自“中国老年健康影响因素跟踪调查”的证据 [J]. 中国卫生政策研究，2020，13（3）：31−37.

[35] 胡晓芳，杨玉裳．中国社区养老研究主题及演变趋势分析 [J]. 中共福建省委党校（福建行政学院）学报，2022（2）：96−107.

[36] 倪明，徐福缘，沈运红．基于 IDEF0 方法的企业信息化建设复杂系统 [J]. 系统工程，2005（3）：69−74.

[37] 全雄文，涂奉生．扩展的 IDEF0（EIDEF0）方法 [J]. 计算机工程与应用，2005（23）：95−97+124.

[38] 李红，盛宇，褚丽丽．基于 IDEF0 模型的中国专业数字化期刊集群的出版模式研究 [J]. 图书馆杂志，2016（2）：4−13.

[39] 徐勤全，程国全．基于 IDEF 物流中心作业流程建模方法研究 [J]. 物流技术，2005，（9）：104−106.

[40] 李运华，姜腊．地方长期护理保险试点政策分析——基于政策工具视角 [J]. 云南民族大学学报：哲学社会科学版，2022，39（1）：122−133.

[41] 张茜，胡伟，余斌，等．基于文献分析法的药物临床试验信息化建设 [J]. 中国临床药理学与治疗学，2021，26（2）：182−189.

[42] 朱庆，董泽宇，努兰别克 · 哈森别克．供需匹配视角下我国卫生应急管理培训体系研究——基于 6 省（市）的问卷调查和深度访谈分析 [J]. 中国应急管理科学，2022（5）：42−54.

[43] 邓永志，赵丹，刘洋．基于文献分析与德尔菲专家咨询法制定针灸治疗原发性痛经诊疗技术标准方案 [J]. 中国中医药现代远程教育，2021，19（19）：51−54.

[44] 黄天雯，郝元涛，张婷，等．社区老年慢性病患者护理需求调查问卷的信度和效度评价 [J]. 解放军护理杂志，2010，27（15）：1121−

1123+1127.

[45] 肖瑾 . 我国人口老龄化现状与老年护理人才培养 [J]. 现代医药卫生，2011，27（22）：3518−3519.

[46] 陈博文，杨文秀 . 社区卫生服务管理 [M]. 北京：科学技术文献出版社，2008.

[47] 潘金洪，帅友良，孙唐水，等 . 中国老年人口失能率及失能规模分析——基于第六次全国人口普查数据 [J]. 南京人口管理干部学院报，2012，28（4）：3−6+32.

[48] 何晓群 . 多元统计分析 [M]. 北京：中国人民大学出版社，2004.

[49] 方积乾 . 医学统计学与电脑实验 [M]. 2 版 . 上海：上海科学技术出版社，2001.

[50] 陈峰，杨树勤 . 相应分析及其在多种疾病聚集性分析中的应用 [J]. 中国卫生统计，1999，16（2）：114−117.

[51] Alain F. Canonical correspondence analysis of lowland pasture vegetation in the humid tropics of Mexico[J]. Statistics for Biology and Health，2007：113−116.

[52] Mao Duan−qian. Correspondence analysis on images of Jiangxi Province as a tourist destination[J]. Chinese Geographical Science. 2005，15（3）：275−280.

[53] Ken Reed. The use of correspondence analysis to develop a scale to measure workplace morale from multi−level data[J]. Social Indicators Research. 2002（3）：339−351.

[54] 田俊，周天枢 . 福建省恶性肿瘤发病地区差异的对应分析 [J]. 数理统计与管理，2003，22（5）：53−57.

[55] 方国兴 . 对应分析在保险市场分析中的应用 [J]. 金融教学与研究，2004（3）：62−63.

[56] 曾序春，洪福昌，罗斌，等 . 性传播疾病季节性的对应分析 [J]. 中国医院统计 . 2004，11（1）：21–23.

[57] 尚景盛，王玉光 . 应用对应分析研究 COPD 中医证候与病情分级的相关性 [J]. 上海中医药大学学报 . 2004，18（4）：29–30.

[58] 李丹，李丽萍 . 社区医养结合养老服务高质量供给研究 [J]. 中州学刊，2022（3）：59–66.

[59] 黄瑶 . 加大健康养老服务供给力度 [N]. 中国社会报，2022–03–09（002）.

[60] 郑伟 . 增加服务供给　满足多元化养老需求 [J]. 新长征，2022（3）：50–51.

[61] 李姗姗 . 养老服务有效供给与实现路径分析 [J]. 统计与咨询，2022（1）：29–31.

[62] 童云霄，蔡霞，赵宇阳，等 . 后疫情时期城市社区养老服务供给现状分析——以南京市为例 [J]. 黑龙江人力资源和社会保障，2022（7）：19–21.

[63] 曹均学，魏小雪 . 新时代我国城市社区养老问题研究综述 [J]. 重庆三峡学院学报，2021，37（6）：46–54.

[64] 李振坤，张冬梅 . 我国城市社区居家养老供给现状及改革建议 [J]. 齐齐哈尔医学院学报，2021，42（16）：1426–1429.

[65] 马嘉慧 . 城市社区养老服务供给研究 [D]. 西安：西北大学，2021.

[66] 张滢，毛和君，阮丹，等 . 城市社区护士工作满意度情况调查分析 [J]. 全科护理，2014，12（2）：97–99.

[67] 梁艳梅，陈丽如 . 我国社区护理现状原因分析及对策 [J]. 实用临床护理学电子杂志，2017，2（24）：164–166.

[68] 黄小新，姚金兰，朱炜，等 . 国内外老年社区护理的现状及发展 [J]. 齐鲁护理杂志，2017，23（5）：60–62.

[69] 唐娜，沈琪，邓婧怡，等．深圳市福田区社区护士工作满意度与工作稳定性、离职意愿相关性研究 [J]. 全科护理，2015，13（4）：300−303.

[70] 王梦璇．我国城市社区养老服务现状及对策研究 [D]. 长春：吉林财经大学，2020.

[71] 成超凤．浅谈社会工作介入城市社区养老服务 [J]. 现代交际，2019（18）：39−40.

[72] 崔文婕，刘德浩．海南省社区居家养老服务需求及其影响因素分析 ——基于安德森行为模型的实证研究 [J]. 新东方，2022（3）：42−48.

[73] 李青，李静芝，黄璐诗，等．城市社区老年人居家养老服务需求的研究现状 [J]. 中国老年保健医学，2022，20（3）：100−103.

[74] 卜陶．社区养老服务从业人员职业化研究 [D]. 上海：上海工程技术大学，2020.

[75] 潘小娟．中国基层社会重构——社区治理研究 [M]. 北京：中国法制出版社，2004.

[76] Luo N，Chew LH，Fong KY，et al. Validity and reliability of the EQ-5D self−report questionnaire in Chinese−speaking patients with rheumatic diseases in Singapore[J]. Annals Academy of Medicine，2003，32（5）：685−690.

[77] Chang TJ，Tarn YH，Hsieh CL，et al. Taiwanese Version of the EQ-5D: Validation in a representative sample of the Taiwanese population[J]. J Formos Med Assoc，2007，106（12）：1023−1031.

[78] Luo N，Chew LH，Fong KY，et al. Do English and Chinese EQ-5D versions demonstrate measurement equivalence? An exploratory study[J]. Health and Quality of Life Outcomes，2003（1）：7.

[79] 尹旭东 . 实现健康老龄化需依托基层 构建一体化健康服务方案 [N]. 中国老年报，2017-12-7（3）.

[80] 马岚 . 新中国 70 年来我国社会养老服务的本土化实践 [J]. 兰州学刊，2019（8）：184-194.

[81] 穆光宗，朱泓霏 . 中国式养老：城市社区居家养老研究 [J]. 浙江工商大学学报，2019（3）：92-100.

[82] 吴玉韶，党俊武 . 老龄蓝皮书——中国老龄产业发展报告（2014）[M]. 北京：社会科学文献出版社，2014.

[83] 郜庆，董金秋，贾志科 . 城市社区治理现状与社区养老服务保障 [M]. 北京：对外经济贸易大学出版社，2015.

[84] 陈元刚 . 我国城镇社区养老服务体系构建研究 [M]. 北京：光明日报出版社，2016.

[85] 赵秋成 . 中国农村养老服务体系建设研究 [M]. 北京：清华大学出版社，2016.

[86] 周云，卢钊 . 城市社区养老服务供应链中的瓶颈与对策探研——基于对武汉市的调查 [J]. 经济体制改革，2018（1）：59-66.

[87] 唐钧，李军 . 健康社会学视角下的整体健康观和健康管理 [J]. 中国社会科学，2019（8）：130-148+207.

[88] 李健 . 城市社区建设的探索与实践 [M]. 北京：红旗出版社，2007.